Netzwerke weben, Erfolg ernten: Ein Leitfaden für selbständige Frauen

Vorwort

Liebe Unternehmerinnen, Powerfrauen und Netzwerkerinnen,

herzlich willkommen zu diesem inspirierenden Leitfaden über die Kunst des Netzwerkens für selbständige Frauen! Ich freue mich unglaublich, dass du dich dazu entschieden hast, dieses Abenteuer mit uns zu beginnen. Als Gründerin von Womansphere und dem Womansphere Network für Unternehmerinnen ist es mir eine besondere Ehre, dich auf dieser Reise durch die faszinierende Welt des Netzwerkaufbaus zu begleiten. Die Idee, dieses Leitfadens ins Leben zu rufen, entstand aus der tiefen Überzeugung, dass das Netzwerken eine Schlüsselrolle für den Erfolg selbständiger Frauen spielt. Wir alle haben einzigartige Träume, Visionen und Ziele, und ich bin fest davon überzeugt, dass wir durch das Knüpfen von starken Verbindungen und das Teilen von Erfahrungen unsere individuellen Reisen noch erfolgreicher gestalten können.

Netzwerken als Herzstück von Womansphere

Als Unternehmerin habe ich selbst die transformative Kraft von Netzwerken erlebt. Die Idee, Womansphere ins Leben zu rufen, wurde durch die Erkenntnis genährt, dass Frauen eine unterstützende Plattform benötigen, um ihre Träume zu verwirklichen. Womansphere ist mehr als eine Organisation - es ist eine leidenschaftliche Gemeinschaft von Frauen, die sich gegenseitig ermutigen, inspirieren und stärken. Unser Netzwerk ist das Herzstück von Womansphere, und es wächst jeden Tag um fantastische Frauen wie dich.

Warum dieser Leitfaden?

Du hältst gerade ein Werk in den Händen, das nicht nur aus Worten besteht, sondern aus Begeisterung, Erfahrung und der festen Überzeugung, dass wir durch das Zusammenkommen und den Austausch von Wissen Großartiges erreichen können. Dieser Leitfaden ist eine Liebeserklärung an die Kraft der Netzwerke und an die Frauen, die sie gestalten.

Die Magie der Vernetzung

Netzwerken ist mehr als das bloße Sammeln von Visitenkarten oder das Hinzufügen von Kontakten auf LinkedIn. Es ist die Kunst, echte Beziehungen aufzubauen, bei denen wir uns gegenseitig unterstützen, stärken und gemeinsam wachsen. Die Magie liegt darin, dass Netzwerken nicht nur berufliche Türen öffnet, sondern auch die Möglichkeit bietet, Freundschaften zu schließen, von den Erfahrungen anderer zu lernen und eine unterstützende Gemeinschaft aufzubauen.

Für dich, von Herzen

Dieser Leitfaden ist für dich geschrieben, mit Herz und Seele. In den folgenden Kapiteln wirst du Schritt für Schritt in die Welt des Netzwerkaufbaus eintauchen. Wir werden die Grundlagen erkunden, inspirierende Erfolgsgeschichten teilen, praktische Tipps für das digitale Netzwerken geben und vieles mehr. Mein Wunsch ist es, dass du nicht nur Informationen sammelst, sondern dass diese Seiten zu deinem Begleiter auf deiner eigenen Netzwerk-Reise werden.

Die Frauenpower entfesseln

Eines der großartigsten Dinge am Netzwerken unter Frauen ist die einzigartige Energie, die entsteht, wenn sich starke, kreative und kluge Köpfe zusammentun. Wir haben die Fähigkeit, einander zu stärken, uns gegenseitig zu inspirieren und die Welt durch unsere individuelle Perspektive zu bereichern. Lass uns gemeinsam die Frauenpower entfesseln und das Netzwerken zu einem Instrument machen, das nicht nur uns, sondern auch zukünftigen Generationen von Frauen dient.

Die Herausforderungen meistern

Ich bin mir bewusst, dass der Weg zum erfolgreichen Netzwerken mit Herausforderungen gespickt sein kann. Vielleicht stellst du dir Fragen wie: Wie finde ich die richtigen Kontakte? Wie baue ich authentische Beziehungen auf? Wie überwinde ich Hürden in männerdominierten Branchen? Dieser Leitfaden ist dazu da, dir nicht nur Antworten auf diese Fragen zu geben, sondern auch die Gewissheit zu vermitteln, dass du nicht allein bist. Wir sind eine Gemeinschaft, und wir stehen gemeinsam stark.

Gemeinsam wachsen, gemeinsam ernten

Ich lade dich ein, nicht nur Leserin dieses Leitfadens zu sein, sondern aktive Teilnehmerin an dieser Reise. Nutze die Übungen, reflektiere über deine eigenen Erfahrungen, teile deine Gedanken und lerne von den Erfahrungen anderer Frauen. Denn nur durch aktive Beteiligung können wir gemeinsam wachsen und gemeinsam ernten.

Abschließende Worte der Ermutigung

In den kommenden Seiten wirst du auf praktische Ratschläge, motivierende Geschichten und inspirierende Ideen stoßen. Denke daran, dass Netzwerken nicht perfekt sein muss. Es geht nicht darum, möglichst viele Visitenkarten zu sammeln, sondern darum, echte Verbindungen zu knüpfen, die einen Unterschied machen.

Ich ermutige dich dazu, offen zu sein, neue Wege zu gehen und dich von der Begeisterung für das Netzwerken anstecken zu lassen. Du bist Teil einer Bewegung von Frauen, die ihre Träume verfolgen, Hindernisse überwinden und die Welt gestalten. Gemeinsam sind wir unschlagbar. Ich wünsche dir eine inspirierende Lektüre, viele Aha-Momente und vor allem jede Menge Freude beim Entdecken der magischen Welt des Netzwerkaufbaus!

Mit herzlichen Grüßen,

Noëmi Caruso
Gründerin von Womansphere und dem Womansphere Network für Unternehmerinnen

Einleitung

Die moderne Welt ist geprägt von ständiger Veränderung und einem zunehmend vernetzten Umfeld. Insbesondere für selbständige Frauen eröffnen Netzwerke nicht nur die Möglichkeit, beruflichen Erfolg zu ernten, sondern auch, sich in einer sich wandelnden Gesellschaft zu behaupten. Dieses Leitfadenbuch, „Netzwerke weben, Erfolg ernten", widmet sich der bedeutenden Rolle von Netzwerken im Leben selbständiger Frauen. In der Einleitung betrachten wir, warum Netzwerke entscheidend sind, ziehen einen Vergleich mit einem Spinnennetz und betonen die spezielle Bedeutung von Netzwerken für selbständige Frauen.

1.1 Warum Netzwerke entscheidend sind

Netzwerke sind mehr als nur Verbindungen zwischen Punkten; sie sind die Grundlage für den Erfolg und die persönliche Entwicklung in einer zunehmend komplexen Welt. Dies gilt insbesondere für selbständige Frauen, die oft vor einzigartigen Herausforderungen stehen. Ein gut aufgebautes Netzwerk bietet nicht nur berufliche Chancen, sondern auch eine Quelle der Unterstützung und Inspiration.

Berufliche Netzwerke ermöglichen den Zugang zu Ressourcen, Informationen und potenziellen Kunden. Sie dienen als Plattform für den Austausch von Ideen, Erfahrungen und Know-how. In einer Zeit, in der die Selbständigkeit einen immer größeren Stellenwert einnimmt, sind Netzwerke essentiell, um in der Geschäftswelt Fuß zu fassen und zu wachsen.

Ein starkes Netzwerk bedeutet nicht nur, Zugang zu Ressourcen zu haben, sondern auch von unterschiedlichen Perspektiven zu profitieren. Frauen in Netzwerken können von den Erfahrungen und Ratschlägen anderer Frauen lernen, Herausforderungen gemeinsam angehen und voneinander unterstützen. Dies schafft nicht nur berufliche, sondern auch persönliche Resilienz.

1.2 Der Vergleich mit einem Spinnennetz

Ein Spinnennetz dient als passendes Symbol für die Struktur und die Funktionsweise von Netzwerken. Wie ein Spinnennetz sind Netzwerke vielschichtig miteinander verbunden. Jede Verbindung trägt dazu bei, das gesamte Netzwerk zu stärken. Ein Spinnennetz ist nicht nur dazu da, Beute zu fangen, sondern auch, um Stabilität und Sicherheit zu gewährleisten. In ähnlicher Weise bieten berufliche Netzwerke nicht nur berufliche Möglichkeiten, sondern auch eine unterstützende Gemeinschaft.Die Fäden eines Spinnennetzes sind stark und flexibel zugleich. Sie passen sich an die Bedürfnisse der Spinne an, sind aber auch widerstandsfähig gegenüber äußeren Einflüssen. Ebenso sollten Netzwerke flexibel sein und sich den sich verändernden Anforderungen anpassen können. Die Kraft eines Netzwerks liegt in der Vielfalt seiner Verbindungen und der Fähigkeit, gemeinsam Herausforderungen zu meistern.

Ein Spinnennetz symbolisiert auch die Kunst des Netzwebe(n)s. Genauso wie eine Spinne mit Präzision und Geschicklichkeit ihr Netz erschafft, sollten selbständige Frauen bewusst an der Gestaltung ihres beruflichen Netzwerks arbeiten. Dies erfordert Engagement, Pflege und die Fähigkeit, die richtigen Verbindungen herzustellen.

1.3 Die Bedeutung von Netzwerken für selbständige Frauen

Für selbständige Frauen ist der Aufbau und die Pflege von Netzwerken von besonderer Relevanz. In vielen Branchen sind Frauen nach wie vor unterrepräsentiert, und der Zugang zu Ressourcen und Unterstützung kann erschwert sein. Ein starkes Netzwerk bietet nicht nur die Möglichkeit, sich in männerdominierten Bereichen zu behaupten, sondern auch, gemeinsam für Gleichberechtigung und Chancengleichheit einzustehen.

Netzwerke können auch dazu beitragen, die Sichtbarkeit selbständiger Frauen zu erhöhen. Oftmals wird der Erfolg von Frauen in der Geschäftswelt übersehen oder unterschätzt. Ein gut aufgebautes Netzwerk ermöglicht es, die eigenen Erfolge zu teilen, sich gegenseitig zu empfehlen und somit eine positive Aufmerksamkeit zu erzeugen.

Selbständige Frauen stehen oft vor einzigartigen Herausforderungen, sei es in Bezug auf die Work-Life-Balance, die Vereinbarkeit von Familie und Beruf oder die Überwindung geschlechtsspezifischer Stereotypen. Ein unterstützendes Netzwerk kann als Rückhalt dienen und den Erfahrungsaustausch ermöglichen. Frauen, die sich in ähnlichen Situationen befinden, können voneinander lernen und sich gegenseitig stärken.

In diesem Leitfaden werden wir uns eingehend mit den Schritten und Strategien beschäftigen, die selbständige Frauen nutzen können, um starke und nachhaltige Netzwerke aufzubauen. Von der Identifizierung relevanter Kontakte über die effektive Kommunikation bis hin zur Pflege von langfristigen Beziehungen – wir werden praxisnahe Einblicke und Empfehlungen geben, um erfolgreich Netzwerke zu weben und den verdienten Erfolg zu ernten.

Die Grundlagen des Netzwerkaufbaus

2.1 Was ist ein Netzwerk?

In der Welt der zwischenmenschlichen Beziehungen spielt das Konzept des Netzwerkaufbaus eine entscheidende Rolle. Ein Netzwerk von Menschen besteht aus einer Gruppe von Individuen, die miteinander verbunden sind, sei es durch gemeinsame Interessen, berufliche Beziehungen oder persönliche Freundschaften. Ein solches soziales Netzwerk ermöglicht den Austausch von Informationen, Unterstützung und Ressourcen.

Ein Netzwerk kann informell oder formal sein. Informelle Netzwerke entwickeln sich oft spontan durch gemeinsame Aktivitäten oder Interessen, während formelle Netzwerke durch strukturierte Organisationen oder berufliche Verbände entstehen können. Die Stärke eines Netzwerks liegt in den Verbindungen zwischen den Mitgliedern, die eine vielfältige Palette von Vorteilen bieten, angefangen von beruflichen Möglichkeiten bis hin zu emotionaler Unterstützung.

2.2 Die verschiedenen Arten von Netzwerken

Es gibt verschiedene Arten von sozialen Netzwerken, die sich je nach Kontext und Zielsetzung unterscheiden. Hier sind einige der wichtigsten Arten:

Berufsnetzwerke: Berufsnetzwerke spielen eine entscheidende Rolle in der beruflichen Entwicklung, indem sie sich auf die Schaffung und Vertiefung beruflicher Verbindungen konzentrieren. Diese Netzwerke bieten nicht nur eine Plattform für den Austausch von Informationen über aktuelle Branchentrends, sondern öffnen auch Türen zu neuen Karrieremöglichkeiten. Durch die Teilnahme an Branchenveranstaltungen, Seminaren oder Online-Foren können Mitglieder von Berufsnetzwerken ihr berufliches Netzwerk erweitern und von den vielfältigen Ressourcen profitieren, die innerhalb der Gemeinschaft geteilt werden.

Soziale Netzwerke: Soziale Netzwerke, wie sie auf Plattformen wie

Facebook, Instagram und LinkedIn existieren, ermöglichen eine weit-reichende Erweiterung der sozialen Verbindungen. Diese Netzwerke sind nicht nur auf berufliche Aspekte beschränkt, sondern bieten auch die Möglichkeit, persönliche Informationen auszutauschen. Durch das Pflegen von Kontakten auf sozialen Plattformen können Menschen nicht nur berufliche Beziehungen vertiefen, sondern auch ein facetten-reiches Netzwerk aufbauen, das sowohl berufliche als auch persönliche Interessen abdeckt.

Community-Netzwerke: Community-Netzwerke stellen eine einzig-artige Möglichkeit dar, sich mit Gleichgesinnten zu verbinden, sei es in Bezug auf gemeinsame Interessen, Hobbys oder sogar die geografi-sche Lage. Lokale oder virtuelle Gemeinschaften bieten einen Raum, in dem Menschen mit ähnlichen Leidenschaften oder Zielen in Verbin-dung treten können. Dies fördert nicht nur den Austausch von Ideen und Erfahrungen, sondern schafft auch ein unterstützendes Umfeld für die individuelle Entwicklung.

Support-Netzwerke: In schwierigen Lebenssituationen oder während beruflicher Herausforderungen spielen Support-Netzwerke eine zent-rale Rolle. Diese Netzwerke sind darauf ausgerichtet, emotionale oder praktische Unterstützung anzubieten, und schaffen eine Gemeinschaft, in der Mitglieder sich aufeinander verlassen können. Ob bei der Bewäl-tigung persönlicher Krisen oder der gemeinsamen Überwindung be-ruflicher Hürden – ein starkes Support-Netzwerk bietet eine tragende Struktur für individuelles Wachstum.

Mentorship-Netzwerke: Mentorship-Netzwerke bilden eine besonde-re Form der beruflichen Unterstützung, bei der erfahrene Personen ihre Expertise und Ratschläge an weniger erfahrene Menschen weitergeben. Diese professionellen oder persönlichen Beziehungen, die zwischen Mentoren und Mentees entstehen, sind nicht nur ein wertvolles Wissens-reservoir, sondern fördern auch die persönliche und berufliche Entwick-lung der Mentees. Mentorship-Netzwerke schaffen somit eine Win-Win-Situation, in der Erfahrungen geteilt und Karrierewege geebnet werden.

Die Art des Netzwerks, das man aufbaut, hängt von den individuellen Zielen und Bedürfnissen ab. Ein ausgewogenes Netzwerk kann ver-schiedene Arten von Verbindungen umfassen und somit ein breites Spektrum von Unterstützung bieten.

 Netzwerke weben - Erfolg ernten

2.3 Warum Frauen speziell auf Netzwerke achten sollten

Frauen spielen in vielen gesellschaftlichen Bereichen eine zunehmend wichtige Rolle, aber dennoch sind sie in vielen Netzwerken unterrepräsentiert. Daher ist es entscheidend, dass Frauen speziell darauf achten, Netzwerke aufzubauen und zu pflegen. Hier sind einige Gründe, warum dies von besonderer Bedeutung ist:

Chancengleichheit: Chancengleichheit ist ein anhaltendes Anliegen in vielen Berufsfeldern, in denen geschlechtsspezifische Ungleichheiten fortbestehen. Ein starkes Netzwerk kann als Instrument dienen, Frauen Zugang zu bislang verschlossenen beruflichen Chancen zu verschaffen. Durch die Erweiterung und Festigung ihrer beruflichen Verbindungen können Frauen nicht nur persönlich von neuen Möglichkeiten profitieren, sondern auch aktiv dazu beitragen, bestehende Ungleichheiten zu überwinden.Indem sie sich innerhalb ihres Netzwerks austauschen und unterstützen, schaffen Frauen eine solidarische Basis, um gemeinsam gegen geschlechtsspezifische Herausforderungen anzugehen.

Gegenseitige Unterstützung: Die gegenseitige Unterstützung innerhalb von Netzwerken erstreckt sich über vielfältige berufliche und persönliche Situationen. Frauen, die ähnliche Herausforderungen meistern müssen, finden in ihren Netzwerken nicht nur Verständnis, sondern auch einen Raum für den wertvollen Austausch von Erfahrungen und Ressourcen. Dieser Austausch stärkt nicht nur individuelle Mitglieder, sondern formt auch die Gesamtheit des Netzwerks zu einer solidarischen Gemeinschaft. Durch das Teilen von bewährten Praktiken, Herausforderungen und Erfolgen entsteht eine unterstützende Umgebung, die Frauen dabei hilft, gemeinsam Höhen zu erklimmen und Tiefen zu überwinden.

Sichtbarkeit und Anerkennung: Sichtbarkeit und Anerkennung sind essentielle Komponenten beruflichen Erfolgs. Frauen haben oft die Neigung, ihre eigenen Leistungen bescheiden zu betrachten und scheuen sich vor der gebührenden Anerkennung. Hier kommt das Netzwerk ins Spiel, indem es als Plattform fungiert, um die Sichtbarkeit von Frauen in der Öffentlichkeit zu erhöhen. Durch das Teilen von Erfolgen innerhalb des Netzwerks und die gegenseitige Anerkennung wird nicht nur der individuelle Beitrag gewürdigt, sondern auch ein kollektiver Glanz auf die Leistungen aller Mitglieder geworfen.

Ressourcen und Informationen: Ressourcen und Informationen sind die Lebensadern eines erfolgreichen beruflichen Werdegangs. Netzwerke stellen eine Schatzkammer dar, die einen wertvollen Zugang zu einer Fülle von Ressourcen und Informationen bietet. Dies kann von aktuellen beruflichen Entwicklungen in der Branche bis hin zu persönlichen Ratschlägen reichen. Frauen, die Teil eines starken Netzwerks sind, haben somit einen klaren Vorteil, da sie auf ein breites Spektrum an Fachwissen, Erfahrungen und Unterstützung zugreifen können.

Selbstbewusstsein: Selbstbewusstsein ist der Schlüssel zur Überwindung von Herausforderungen und zur Verfolgung persönlicher Ziele. Ein starkes Netzwerk kann einen erheblichen Beitrag zur Stärkung des Selbstbewusstseins leisten. Durch die Unterstützung und Ermutigung von Gleichgesinnten fühlen sich Frauen in ihrem Netzwerk befähigt, ihre individuellen Ziele selbstbewusst zu verfolgen. Die kollektive Unterstützung bietet nicht nur eine emotionale Stütze, sondern auch eine praktische Grundlage für Frauen, um selbstbewusst ihre beruflichen und persönlichen Herausforderungen anzugehen.

In den folgenden Abschnitten dieses Leitfadens werden wir detailliert darauf eingehen, wie Frauen gezielt Netzwerke aufbauen können. Von der Identifizierung relevanter Kontakte über die Entwicklung effektiver Kommunikationsfähigkeiten bis hin zur Pflege langfristiger Beziehungen – wir werden praxisnahe Einblicke und Empfehlungen bieten, um Frauen zu ermutigen, ihre eigenen Netzwerke zu weben und daraus erfolgreich zu ernten.

Die Kunst des ersten Eindrucks

3.1 Der Elevator Pitch: Sich kurz und prägnant vorstellen

Der erste Eindruck ist oft entscheidend, besonders wenn es um den Aufbau von Netzwerken geht. Die Fähigkeit, sich kurz und prägnant vorzustellen, ist eine Kunst, die als „Elevator Pitch" bekannt ist. Die Idee hinter dem Elevator Pitch ist, dass man sich innerhalb der Zeit vorstellen können sollte, die es dauert, mit jemandem in einem Aufzug zu fahren – etwa 30 Sekunden bis eine Minute.

Ein effektiver Elevator Pitch sollte die wichtigsten Informationen über eine Person enthalten: Wer sie ist, was sie macht und warum das für den Gesprächspartner relevant sein könnte. Dies erfordert Klarheit, Präzision und eine Portion Persönlichkeit.

Beispiel eines Elevator Pitches für eine selbständige Frau im Bereich digitales Marketing:
„Hallo, mein Name ist Anna Müller. Ich bin eine selbständige Digitalmarketing-Spezialistin mit fünf Jahren Erfahrung in der Steigerung der Online-Präsenz von kleinen Unternehmen. Ich habe erfolgreich Kampagnen entwickelt, die zu einer Umsatzsteigerung von durchschnittlich 20% geführt haben. Derzeit bin ich auf der Suche nach neuen Herausforderungen und Partnerschaften, um mein Wissen und meine Fähigkeiten weiter zu vertiefen."

Dieser Elevator Pitch gibt nicht nur Aufschluss über die beruflichen Qualifikationen von Anna, sondern auch über ihre Erfolge und ihre Bereitschaft, sich weiterzuentwickeln. Ein gelungener Elevator Pitch eröffnet nicht nur Gespräche, sondern schafft auch eine positive Grundlage für den weiteren Austausch.

3.2 Körpersprache und Ausstrahlung

Der gesprochene Elevator Pitch ist nur ein Teil des ersten Eindrucks – die Körpersprache und die Ausstrahlung spielen eine ebenso wichtige Rolle. Menschen nehmen oft nonverbale Signale intensiver wahr als gesprochene Worte. Hier sind einige Tipps, wie selbständige Frauen ihre Körpersprache und Ausstrahlung optimieren können:

Selbstbewusstsein zeigen: Selbstbewusstsein auszustrahlen, ist ein essenzieller Aspekt beim Aufbau eines beeindruckenden ersten Eindrucks. Stellen Sie sich vor, wie Sie aufrecht stehen, den Blick selbstbewusst auf Ihr Gegenüber gerichtet und einen festen Händedruck vermittelnd. Diese äußeren Manifestationen von Selbstbewusstsein sind nicht nur ästhetische Elemente, sondern sie senden auch starke Signale aus. Selbstbewusstsein strahlt nicht nur persönliche Stärke aus, sondern vermittelt auch einen Eindruck von Kompetenz und Zuversicht. Indem Sie bewusst diese körpersprachlichen Elemente einsetzen, können Sie die Grundlage für eine positive Wahrnehmung legen, die in beruflichen wie auch persönlichen Kontexten von Vorteil ist.

Offene Haltung: Eine offene Haltung ist ein weiterer entscheidender Faktor bei der Gestaltung Ihres Auftritts. Vermeiden Sie verschlossene Körperhaltungen wie verschränkte Arme, die oft als Zeichen von Distanz oder Ablehnung interpretiert werden können. Stattdessen signalisiert eine offene Haltung, dass Sie bereit sind, sich zu engagieren und zu kommunizieren. Indem Sie sich physisch für Gespräche öffnen, schaffen Sie eine Atmosphäre der Zugänglichkeit und schärfen den positiven Eindruck, den Sie hinterlassen möchten.

Lächeln: Ein Lächeln ist eine mächtige nonverbale Geste, die eine universelle Botschaft der Freundlichkeit und Offenheit übermittelt. Es ist nicht nur eine höfliche Geste, sondern schafft auch eine positive Atmosphäre im zwischenmenschlichen Austausch. Ein Lächeln kann Spannungen abbauen, Sympathie wecken und Sie als zugänglicher und angenehmer Gesprächspartner erscheinen lassen. Es ist eine einfache, aber wirkungsvolle Methode, um positive Gefühle zu vermitteln und den ersten Eindruck zu verbessern.

Augenkontakt: Augenkontakt ist ein weiterer entscheidender Aspekt beim Aufbau eines überzeugenden ersten Eindrucks. Wenn Sie bewusst

Blickkontakt halten, zeigen Sie Interesse und Aufmerksamkeit. Dies sendet die Botschaft, dass Sie präsent und engagiert in der Interaktion sind. Ein angemessener Augenkontakt kann dazu beitragen, eine persönliche Verbindung herzustellen und zeigt Respekt gegenüber Ihrem Gesprächspartner.

Gestikulieren: Gestikulation, wenn richtig eingesetzt, kann Ihre Worte unterstützen und Ihre Botschaft verstärken. Eine angemessene Gestik kann Emotionen und Intentionen betonen, was zu einer klareren Kommunikation beiträgt. Dennoch ist es wichtig, übermäßige oder unkontrollierte Gesten zu vermeiden, um nicht den Eindruck von Unruhe oder Unsicherheit zu erwecken. Eine bewusste und abgestimmte Gestikulation kann Ihre Persönlichkeit unterstreichen und dazu beitragen, dass Ihre Botschaften nachhaltig im Gedächtnis bleiben.

Zusammenfassend lässt sich sagen, dass die bewusste Anwendung dieser Elemente — sei es das Ausstrahlen von Selbstbewusstsein, das Einnehmen einer offenen Haltung, das Lächeln, das Halten von Augenkontakt oder die gezielte Gestikulation — die Grundlage für einen überzeugenden ersten Eindruck legt. Ein solcher Eindruck ist nicht nur ausschlaggebend für den Beginn eines erfolgreichen Netzwerkaufbaus, sondern kann auch den Verlauf zukünftiger Interaktionen positiv beeinflussen.

Die richtige Körpersprache und Ausstrahlung können dazu beitragen, einen ersten Eindruck zu festigen und eine angenehme Atmosphäre im Gespräch zu schaffen. Es ist wichtig, authentisch zu bleiben und die Körpersprache an die individuellen Stärken anzupassen.

3.3 Small Talk als Türöffner

Small Talk mag oberflächlich erscheinen, spielt jedoch eine entscheidende Rolle beim Aufbau von Beziehungen. Gerade in Netzwerksituationen dient Small Talk als Türöffner, der den Weg für tiefere Gespräche ebnen kann. Selbständige Frauen sollten die Kunst des Small Talks beherrschen, um unkompliziert Kontakte knüpfen zu können.

Hier sind einige Tipps für erfolgreichen Small Talk:
Gemeinsame Interessen finden: Gemeinsame Interessen zu finden, bildet das Fundament für tiefergehende Gespräche und den Aufbau

einer bedeutungsvollen Verbindung. Durch das gezielte Suchen nach Themen, die sowohl Sie als auch Ihr Gesprächspartner interessant finden könnten, eröffnen Sie nicht nur Gesprächsgelegenheiten, sondern zeigen auch, dass Sie bereit sind, eine Verbindung auf persönlicher Ebene herzustellen. Dies könnte eine gemeinsame Begeisterung für eine aktuelle Veranstaltung, einen geteilten Bekannten oder sogar das Wetter als lockeren Einstieg in das Gespräch umfassen. Das Finden solcher gemeinsamen Nenner erleichtert nicht nur den Small Talk, sondern ebnet auch den Weg für tiefere, sinnvollere Diskussionen über geteilte Interessen.

Offene Fragen stellen: Das Stellen von offenen Fragen ist eine bewährte Strategie, um Gespräche auf eine tiefere Ebene zu bringen. Indem Sie Fragen stellen, die mehr als nur ein einfaches „Ja" oder „Nein" erfordern, schaffen Sie Raum für ausführlichere Antworten und fördern einen kontinuierlichen Austausch. Diese offenen Fragen ermöglichen es Ihnen, mehr über die Ansichten, Erfahrungen und Perspektiven Ihres Gesprächspartners zu erfahren. Dies nicht nur vertieft das Gespräch, sondern zeigt auch, dass Sie wirkliches Interesse an der Meinung und den Gedanken des Gegenübers haben.

Authentizität bewahren: Die Bewahrung von Authentizität ist von zentraler Bedeutung, um eine echte Verbindung herzustellen. Indem Sie authentisch bleiben und sogar persönliche Anekdoten teilen, schaffen Sie eine Atmosphäre des Vertrauens. Authentizität baut Barrieren ab und ermöglicht es beiden Gesprächspartnern, sich offen auszutauschen. Das Teilen persönlicher Erfahrungen oder Geschichten fördert eine tiefere Verbindung, da es einen Einblick in Ihre Persönlichkeit gibt und gleichzeitig den Raum für Ihren Gesprächspartner schafft, dasselbe zu tun.

Zuhören: Zuhören ist eine Schlüsselkomponente erfolgreicher Kommunikation. Indem Sie Ihrem Gesprächspartner Ihre volle Aufmerksamkeit schenken, zeigen Sie nicht nur Respekt, sondern ermöglichen auch einen effektiven Informationsaustausch. Aktives Zuhören beinhaltet nicht nur das Verarbeiten von Informationen, sondern auch das Reagieren auf das Gesagte. Durch das Zeigen von Interesse an den Äußerungen des Gegenübers schaffen Sie eine Atmosphäre, die den Informationsaustausch fördert und eine tiefere Verbindung ermöglicht.

Positive Signale senden: Positive Signale zu senden, sei es durch Körpersprache oder zustimmende Äußerungen, trägt dazu bei, eine angenehme Gesprächsatmosphäre zu schaffen. Positive Körpersprache, wie ein Lächeln oder aufmunternde Gesten, unterstützt die positiven Schwingungen im Gespräch. Zustimmende Äußerungen, wie beispielsweise Nicken oder Aussagen der Zustimmung, stärken die Verbindung, indem sie zeigen, dass Sie die Ansichten des Gesprächspartners respektieren und schätzen. Diese positiven Signale formen eine Atmosphäre, in der sich beide Parteien wohl fühlen und offen kommunizieren können.

Small Talk ist oft der erste Schritt in Richtung einer tieferen Verbindung. Es ermöglicht, Gemeinsamkeiten zu entdecken und schafft eine angenehme Grundlage für weitere Gespräche.

In den folgenden Abschnitten dieses Leitfadens werden wir uns intensiver mit diesen Aspekten befassen und konkrete Strategien vorstellen, wie selbständige Frauen den ersten Eindruck erfolgreich gestalten können. Durch die geschickte Anwendung dieser Prinzipien können Frauen nicht nur effektiv Netzwerke aufbauen, sondern auch nachhaltige Beziehungen für ihre berufliche und persönliche Entwicklung knüpfen.

Die Rolle der digitalen Netzwerke

In einer Welt, die zunehmend von digitalen Technologien geprägt ist, spielen digitale Netzwerke eine entscheidende Rolle im Aufbau und der Pflege von Beziehungen – sei es beruflich oder persönlich. Dieses Kapitel wird sich eingehend mit der Rolle digitaler Netzwerke befassen, insbesondere im Kontext sozialer Medien und beruflicher Plattformen wie LinkedIn und Xing. Von den Chancen und Möglichkeiten, die Social Media für berufliche Kontakte bietet, bis hin zu bewährten Praktiken und potenziellen Fallstricken im digitalen Netzwerken – dieses Kapitel soll einen umfassenden Leitfaden für den effektiven Einsatz digitaler Netzwerke bieten.

4.1 Social Media als Plattform für berufliche Kontakte

Die digitale Revolution hat die Art und Weise, wie Menschen miteinander kommunizieren und Beziehungen aufbauen, grundlegend verändert. Social Media, als eine zentrale Komponente dieses Wandels, hat sich zu einer mächtigen Plattform für den Aufbau und die Erweiterung beruflicher Kontakte entwickelt. Plattformen wie Facebook, Instagram, Twitter und insbesondere LinkedIn bieten Selbstständigen und Unternehmerinnen die Möglichkeit, ihre Online-Präsenz zu stärken, Branchenkontakte zu knüpfen und berufliche Chancen zu erkunden.

Der strategische Einsatz von Social Media eröffnet vielfältige Chancen. Durch das Teilen von relevanten Inhalten, sei es in Form von Artikeln, Grafiken oder persönlichen Updates, können Frauen nicht nur ihre Fachkompetenz demonstrieren, sondern auch als Meinungsführerinnen in ihrer Branche wahrgenommen werden. Das aktive Engagement in Diskussionen und Gruppen ermöglicht es, sich als aktives Mitglied der Community zu positionieren und gleichzeitig wertvolle Einblicke in aktuelle Branchentrends zu gewinnen.

Jedoch birgt die Nutzung von Social Media auch Herausforderungen. Der schmale Grat zwischen persönlicher und beruflicher Präsenz erfordert ein bewusstes und strategisches Vorgehen. Frauen sollten ihre

Online-Identität pflegen und sicherstellen, dass sie eine kohärente und professionelle Botschaft vermitteln. Das Finden des richtigen Gleichgewichts zwischen Authentizität und beruflicher Repräsentation ist entscheidend, um das volle Potenzial von Social Media als Plattform für berufliche Kontakte zu nutzen.

4.2 LinkedIn, Xing und Co.: Effektive Nutzung beruflicher Netzwerke

LinkedIn, Xing und vergleichbare Plattformen haben sich als spezialisierte Werkzeuge für berufliche Netzwerke etabliert. Diese Plattformen bieten eine dedizierte Umgebung für den Aufbau professioneller Beziehungen, das Teilen von Fachkenntnissen und die Suche nach beruflichen Möglichkeiten. Insbesondere LinkedIn hat sich zu einer der wichtigsten Plattformen für berufliche Netzwerke entwickelt.

Die effektive Nutzung dieser Plattformen erfordert eine gezielte Strategie. Ein aussagekräftiges Profil, das sowohl berufliche Erfahrungen als auch Kompetenzen umfassend darstellt, bildet die Grundlage. Das Hinzufügen von aussagekräftigen Empfehlungen und das regelmäßige Teilen relevanter Inhalte fördern nicht nur die Sichtbarkeit, sondern stärken auch die Glaubwürdigkeit in der beruflichen Community.

Die Funktionen zum Anschließen und Folgen ermöglichen es, das berufliche Netzwerk auszubauen und in Kontakt mit Gleichgesinnten, Kolleginnen und potenziellen Kundinnen zu treten. Gruppenbeitritte und die aktive Teilnahme an Diskussionen bieten Möglichkeiten zur Positionierung als Expertin in spezifischen Fachgebieten. Darüber hinaus ermöglichen Premium-Funktionen auf Plattformen wie LinkedIn zusätzliche Vorteile, wie erweiterte Sichtbarkeit und gezielte Kommunikation mit anderen Fachleuten.

Jedoch ist es entscheidend, die Dos and Don'ts im Umgang mit beruflichen Netzwerken zu beachten. Das spamartige Versenden von Verbindungsanfragen, ohne einen klaren Bezug oder Mehrwert zu bieten, kann kontraproduktiv sein. Ebenso sollten Frauen darauf achten, ihre Online-Präsenz zu pflegen und sicherzustellen, dass ihre Profile professionell und aktuell sind. Der taktvolle Umgang mit Direktnachrichten und die gezielte Pflege von Verbindungen sind ebenfalls wichtige Aspekte, um berufliche Netzwerke erfolgreich zu nutzen.

4.3 Die Dos and Don'ts im digitalen Netzwerken

Im digitalen Netzwerken existieren klare Dos and Don'ts, die den Unterschied zwischen einer erfolgreichen und einer ineffektiven Nutzung ausmachen können. Ein grundlegendes Do ist die Pflege eines professionellen Online-Profils. Dies beinhaltet das regelmäßige Aktualisieren von beruflichen Erfahrungen, das Hinzufügen von Qualifikationen und das Teilen von relevanten Inhalten. Ein gut gepflegtes Profil ist die Grundlage für eine erfolgreiche Präsenz auf beruflichen Plattformen.

Ein weiteres Do ist die aktive Teilnahme an Diskussionen und Gruppen auf Plattformen wie LinkedIn. Das Einbringen von Fachkenntnissen und die Beteiligung an relevanten Gesprächen helfen dabei, als Expertin wahrgenommen zu werden und wertvolle Kontakte zu knüpfen. Dies schafft nicht nur Sichtbarkeit, sondern stärkt auch die Glaubwürdigkeit im beruflichen Umfeld.

Im Gegenzug sollten Frauen vermeiden, in digitalem Netzwerken zu passiv zu sein. Das reine Sammeln von Verbindungen ohne aktive Beteiligung kann die Effektivität der Netzwerkarbeit beeinträchtigen. Es ist wichtig, nicht nur auf der Empfangsseite zu stehen, sondern sich aktiv an Diskussionen zu beteiligen, Inhalte zu teilen und den Austausch mit anderen Mitgliedern zu suchen.

Das sorgfältige Abwägen von Direktnachrichten ist ein weiteres wichtiges Do. Das Senden von unpersönlichen, generischen Nachrichten kann als aufdringlich empfunden werden. Stattdessen ist es ratsam, bei der Kontaktaufnahme eine persönliche Note zu wahren und den Mehrwert einer Verbindung klar zu kommunizieren.

Im Bereich der Don'ts ist es wichtig, sich vor unprofessionellem Verhalten zu hüten. Das beinhaltet die Vermeidung von politischen oder kontroversen Themen in beruflichen Diskussionen sowie das Verhindern von unangemessenen Kommentaren oder Inhalten auf persönlichen Profilen. Ein respektvoller und professioneller Umgangston ist entscheidend, um einen positiven Eindruck zu hinterlassen.

Die Vermeidung von Spam-Verhalten gehört ebenfalls zu den Don'ts. Das wahllose Versenden von Verbindungsanfragen ohne klaren Kontext oder Mehrwert kann dazu führen, dass die Online-Präsenz als aufdringlich wahrgenommen wird. Es ist wichtig, Verbindungen mit Bedacht zu knüpfen und eine klare Absicht oder Gemeinsamkeit zu kommunizieren. Insgesamt ist ein bewusster und strategischer Ansatz im digitalen Netzwerken entscheidend. Durch das Beachten der Dos and Don'ts können Frauen nicht nur ihre Online-Präsenz stärken, sondern auch effektiv berufliche Beziehungen aufbauen und pflegen.

Netzwerkaufbau im Berufsalltag

Der Aufbau und die Pflege eines starken beruflichen Netzwerks sind im heutigen Berufsalltag von unschätzbarem Wert. Dieses Kapitel widmet sich den verschiedenen Aspekten des Netzwerkaufbaus im Berufsalltag, angefangen bei Networking-Veranstaltungen über gemeinsame Projekte und Kooperationen bis hin zur Bedeutung von Mentorinnen in der beruflichen Entwicklung.

5.1 Networking-Veranstaltungen: Chancen optimal nutzen

Networking-Veranstaltungen bieten eine einzigartige Gelegenheit, persönliche Verbindungen zu knüpfen und berufliche Chancen zu erkunden. Die Teilnahme an Branchenkonferenzen, Seminaren und Networking-Events ermöglicht es Frauen, sich in einem informellen Rahmen mit Gleichgesinnten, Kolleginnen und potenziellen Geschäftspartnern zu vernetzen.

Um diese Chancen optimal zu nutzen, ist es wichtig, strategisch vorzugehen. Ein gezielter Plan, welche Personen oder Unternehmen man treffen möchte, und eine klare Vorstellung von den eigenen beruflichen Zielen sind entscheidend. Das Knüpfen von Kontakten sollte nicht nur auf oberflächlichen Austausch beschränkt sein, sondern auf den Aufbau qualitativer Beziehungen abzielen. Das Teilen von Fachkenntnissen, das Interesse an den Projekten anderer und das aktive Zuhören schaffen eine positive Basis für langfristige berufliche Verbindungen.

Networking-Veranstaltungen bieten auch die Möglichkeit, sich als Expertin in einem bestimmten Bereich zu positionieren. Das Teilen von Fachwissen durch Vorträge, Podiumsdiskussionen oder das Moderieren von Diskussionsrunden fördert nicht nur die eigene Sichtbarkeit, sondern auch den Aufbau von Glaubwürdigkeit in der beruflichen Community.

5.2 Gemeinsame Projekte und Kooperationen

Die Zusammenarbeit an gemeinsamen Projekten und Kooperationen ist eine effektive Möglichkeit, das berufliche Netzwerk zu stärken und gleichzeitig geschäftliche Synergien zu schaffen. Durch die Beteiligung an branchenrelevanten Projekten können Frauen nicht nur ihre Fachkompetenz unter Beweis stellen, sondern auch enge Beziehungen zu Kolleginnen und anderen Fachleuten aufbauen.

Die Auswahl von Projekten sollte strategisch erfolgen, wobei der Fokus auf solchen liegt, die nicht nur fachlich relevant sind, sondern auch das Potenzial haben, die eigene Sichtbarkeit zu erhöhen. Die gezielte Suche nach Kooperationsmöglichkeiten mit anderen Unternehmen oder Fachleuten ermöglicht es, unterschiedliche Perspektiven einzubringen und gemeinsam innovative Lösungen zu entwickeln.

Eine erfolgreiche Zusammenarbeit erfordert klare Kommunikation und das Festlegen von gemeinsamen Zielen. Frauen sollten proaktiv ihre Ideen einbringen, ihre Stärken betonen und bereit sein, Verantwortung zu übernehmen. Durch den Aufbau von erfolgreichen gemeinsamen Projekten wird nicht nur das eigene Netzwerk gestärkt, sondern es entstehen auch wertvolle Referenzen und Empfehlungen.

5.3 Mentorinnen finden und fördern

Die Bedeutung von Mentorinnen in der beruflichen Entwicklung ist unbestreitbar. Mentorinnen spielen eine Schlüsselrolle dabei, Frauen zu unterstützen, ihre beruflichen Ziele zu erreichen, Herausforderungen zu bewältigen und ihr Potenzial voll auszuschöpfen. Das Finden und Fördern von Mentorinnen ist daher ein entscheidender Schritt im Netzwerkaufbau.

Mentorinnen können in verschiedenen Kontexten gefunden werden, sei es innerhalb des eigenen Unternehmens, in der Branche oder durch externe Netzwerke. Der Schlüssel liegt darin, Mentorinnen zu identifizieren, die nicht nur fachlich kompetent sind, sondern auch bereit sind, ihr Wissen und ihre Erfahrungen zu teilen. Frauen sollten proaktiv auf potenzielle Mentorinnen zugehen, um eine vertrauensvolle Beziehung aufzubauen.

Die Beziehung zwischen Mentorin und Mentee sollte auf Vertrauen, Offenheit und gegenseitigem Respekt basieren. Mentorinnen können nicht nur berufliche Ratschläge geben, sondern auch Einblicke in ihre eigenen Karrierewege und wertvolle Lektionen aus ihren Erfahrungen teilen. Mentees sollten offen für Feedback sein und die Möglichkeit nutzen, von den Erfahrungen ihrer Mentorinnen zu lernen.

Das Fördern von Mentorinnen ist genauso wichtig wie das Finden. Frauen sollten sich bewusst dafür einsetzen, auch selbst mentorale Rollen einzunehmen. Der Austausch von Erfahrungen, die Unterstützung von aufstrebenden Talenten und die Bereitschaft, Wissen weiterzugeben, tragen dazu bei, eine unterstützende und dynamische Netzwerkumgebung zu schaffen.

Insgesamt sind Networking-Veranstaltungen, gemeinsame Projekte, und die Beziehung zu Mentorinnen entscheidende Bausteine im Netzwerkaufbau im Berufsalltag. Ein bewusster und strategischer Ansatz in diesen Bereichen trägt nicht nur zur individuellen beruflichen Entwicklung bei, sondern stärkt auch das gesamte berufliche Netzwerk.

Netzwerke weben - Erfolg ernten

Warum Selbständige ein starkes Netzwerk brauchen

Der Weg in die Selbstständigkeit ist für Frauen mit zahlreichen Chancen, aber auch Herausforderungen verbunden. In diesem Kapitel werden wir eingehend betrachten, warum selbständige Frauen ein starkes Netzwerk benötigen. Von den spezifischen Herausforderungen, denen sich selbständige Frauen gegenübersehen, über die Rolle von Netzwerken bei der Kundenakquise bis zur Bedeutung von Unterstützung und Empowerment – dieses Kapitel bietet einen umfassenden Einblick in die Relevanz eines starken Netzwerks für selbständige Frauen.

6.1 Herausforderungen für selbständige Frauen

Die Selbstständigkeit birgt eine Vielzahl von Herausforderungen, die für Frauen oft spezifisch und herausfordernd sind. Eine der zentralen Hürden ist der Zugang zu Finanzmitteln. Frauen, die ein eigenes Geschäft gründen, stoßen häufig auf Schwierigkeiten beim Zugang zu Krediten oder Investitionen. Dieser Mangel an finanzieller Unterstützung kann den Wachstumsspielraum einschränken und den Start in die Selbstständigkeit erschweren.

Die Vereinbarkeit von Familie und Beruf ist eine weitere bedeutende Herausforderung für selbständige Frauen. Der Spagat zwischen dem Aufbau eines eigenen Unternehmens und den familiären Verpflichtungen kann zu erheblichem Stress führen. Netzwerke können hier eine entscheidende Rolle spielen, indem sie nicht nur berufliche Unterstützung bieten, sondern auch Raum für den Austausch von Erfahrungen in der Balance zwischen Familie und Selbstständigkeit schaffen.

Die Sichtbarkeit auf dem Markt ist eine weitere Hürde, insbesondere in Branchen, die traditionell von Männern dominiert werden. Selbständige Frauen kämpfen oft darum, ihre Stimme zu Gehör zu bringen und als gleichwertige Geschäftspartnerinnen wahrgenommen zu werden. Ein starkes Netzwerk kann dabei helfen, diese Barrieren zu überwinden, indem es Plattformen für Sichtbarkeit und Anerkennung schafft.

6.2 Wie Netzwerke bei der Kundenakquise helfen

Die Kundenakquise ist ein kritischer Aspekt des Erfolgs für selbständige Frauen. Ein starkes Netzwerk kann hier einen entscheidenden Unterschied machen. Durch persönliche Kontakte und Empfehlungen aus dem Netzwerk eröffnen sich oft Türen zu neuen Geschäftsmöglichkeiten.

Netzwerke bieten nicht nur potenzielle Kunden, sondern auch Ressourcen und Unterstützung für Marketing- und Werbeaktivitäten. Gemeinsame Werbeaktionen, die durch das Netzwerk ermöglicht werden, können die Sichtbarkeit erhöhen und die Reichweite erweitern. Darüber hinaus bieten Netzwerke die Möglichkeit, von den Erfahrungen anderer Unternehmerinnen zu lernen und bewährte Praktiken in der Kundenakquise zu übernehmen.

Die persönliche Verbindung, die durch Netzwerke entsteht, schafft oft ein Vertrauensverhältnis zwischen Selbstständigen und potenziellen Kunden. Kunden neigen dazu, Dienstleistungen oder Produkte von Menschen zu bevorzugen, die sie kennen oder denen sie durch Empfehlungen vertrauen. Ein starkes Netzwerk ermöglicht es selbständigen Frauen, dieses Vertrauen aufzubauen und so die Kundenbindung zu stärken.

6.3 Die Bedeutung von Unterstützung und Empowerment

Unterstützung und Empowerment sind essenziell für den Erfolg selbständiger Frauen. In einem Netzwerk finden sie oft nicht nur Gleichgesinnte, sondern auch Mentorinnen, die ihre Erfahrungen teilen und Ratschläge geben können. Die Unterstützung durch ein Netzwerk kann den oft einsamen Weg der Selbstständigkeit erleichtern und Frauen ermächtigen, ihre beruflichen Ziele mit Zuversicht zu verfolgen.
Empowerment durch Netzwerke geht über berufliche Belange hinaus und erstreckt sich auf die persönliche Entwicklung. Selbstständige Frauen können durch Netzwerke Zugang zu Weiterbildungs- und Entwicklungsmöglichkeiten erhalten. Workshops, Schulungen und Austauschplattformen innerhalb des Netzwerks ermöglichen es Frauen, ihre Fähigkeiten zu erweitern und sich kontinuierlich weiterzuentwickeln.

   Netzwerke weben - Erfolg ernten

Ein starkes Netzwerk schafft auch die Möglichkeit für gemeinsame Projekte und Kooperationen. Frauen können sich gegenseitig unterstützen, indem sie Ressourcen teilen, gemeinsam an Projekten arbeiten und voneinander lernen. Diese Art der Zusammenarbeit stärkt nicht nur die individuellen Geschäfte, sondern fördert auch die Solidarität innerhalb der Selbstständigen-Community.

Die psychologische Unterstützung, die durch Netzwerke geboten wird, ist nicht zu unterschätzen. Selbstständige Frauen können sich mit Gleichgesinnten austauschen, ihre Erfolge feiern und Herausforderungen besprechen. Dieser emotionale Support ist oft entscheidend, um in herausfordernden Zeiten motiviert zu bleiben und Rückschläge zu überwinden.

Insgesamt verdeutlicht die Analyse der Herausforderungen, die selbständige Frauen bewältigen müssen, sowie der Rolle von Netzwerken in der Kundenakquise und im Empowerment die Notwendigkeit eines starken Netzwerks. Netzwerke bieten nicht nur geschäftliche Vorteile, sondern dienen auch als unterstützendes Umfeld, das selbständigen Frauen ermöglicht, ihre Ziele zu erreichen und ihre unternehmerischen Träume zu verwirklichen.

Strategisches Netzwerkmanagement

Der Erfolg im beruflichen Umfeld hängt nicht nur von fachlichen Qualifikationen ab, sondern auch von den Beziehungen, die man knüpft. In diesem Kapitel werden wir die Kunst des strategischen Netzwerkmanagements erkunden. Von der gezielten Konstruktion und Pflege von Netzwerken über die Identifikation der richtigen Kontakte bis hin zur Betrachtung von Networking als langfristiger Investition – dieses Kapitel liefert einen umfassenden Leitfaden für ein erfolgreiches strategisches Netzwerkmanagement.

7.1 Netzwerke gezielt aufbauen und pflegen

Der Aufbau und die Pflege von Netzwerken sollten nicht dem Zufall überlassen werden. Ein strategischer Ansatz ist entscheidend, um die gewünschten Ergebnisse zu erzielen. Der erste Schritt besteht darin, klare Ziele zu definieren. Ob berufliche Entwicklung, Kundengewinnung oder persönliche Weiterbildung – die Ziele beeinflussen die Art des Netzwerks, das aufgebaut werden sollte.

Ein gezieltes Netzwerkmanagement erfordert auch eine klare Zielgruppenanalyse. Welche Personen oder Organisationen sind für die eigenen beruflichen Ziele relevant? Sind es Fachleute aus der Branche, potenzielle Kunden, oder Partner für gemeinsame Projekte? Die Identifikation der Zielgruppe ermöglicht es, Ressourcen effektiv einzusetzen und den Fokus auf diejenigen zu legen, die den größten Nutzen bieten.

Die Auswahl der richtigen Networking-Veranstaltungen ist ein weiterer entscheidender Aspekt. Nicht alle Veranstaltungen sind gleich, und die Zeit ist begrenzt. Es ist sinnvoll, Veranstaltungen zu wählen, die zum eigenen Fachgebiet passen und die richtigen Teilnehmer anziehen. Branchenspezifische Konferenzen, Seminare und lokale Networking-Events können sich als fruchtbarer Boden für den Aufbau relevanter Kontakte erweisen.

Die Pflege von Netzwerken ist genauso wichtig wie der Aufbau. Es geht nicht nur darum, neue Kontakte zu knüpfen, sondern auch bestehende

Beziehungen zu stärken. Regelmäßige Kommunikation, das Teilen von relevanten Inhalten und das Zeigen von Interesse an den Aktivitäten der Kontakte tragen dazu bei, die Verbindung aufrechtzuerhalten und das Netzwerk lebendig zu gestalten.

7.2 Die richtigen Kontakte identifizieren

Die Qualität des Netzwerks ist entscheidend für den Erfolg. Daher ist es wichtig, die richtigen Kontakte zu identifizieren. Hier spielt die Relevanz für die eigenen Ziele eine Schlüsselrolle. Kontakte, die direkt oder indirekt zur Erreichung der definierten Ziele beitragen können, sollten priorisiert werden.

Eine differenzierte Betrachtung der Kontakte ermöglicht es, sie in verschiedene Kategorien zu unterteilen. Erreichung der definierten Ziele beitragen können, sollten priorisiert werden.

Eine differenzierte Betrachtung der Kontakte ermöglicht es, sie in verschiedene Kategorien zu unterteilen. Schlüsselkontakte, die eine direkte Auswirkung auf die beruflichen Ziele haben, sollten besonders gepflegt werden. Allianzen mit Gleichgesinnten oder Expertinnen aus der Branche können strategische Partnerschaften schaffen, die langfristig von Vorteil sind.

Die Identifikation von Meinungsführerinnen und Einflusspersonen in einem Netzwerk ist ebenfalls entscheidend. Diese Personen können nicht nur wertvolle Ratschläge geben, sondern auch als Mentoren oder Botschafterinnen dienen. Der Aufbau von Beziehungen zu Personen, die in ihren jeweiligen Feldern respektiert sind, stärkt nicht nur die eigene Position, sondern eröffnet auch neue Möglichkeiten.

Die Vielfalt der Kontakte sollte ebenfalls berücksichtigt werden. Ein Netzwerk, das verschiedene Perspektiven, Branchen und Kompetenzen vereint, ist oft effektiver. Der Austausch mit Menschen, die unterschiedliche Hintergründe haben, fördert kreative Lösungen, erweitert den Horizont und schafft ein vielfältiges Ökosystem, das für verschiedene berufliche Herausforderungen gerüstet ist.

7.3 Networking als langfristige Investition

Networking sollte nicht als kurzfristige Aktivität betrachtet werden, sondern als langfristige Investition in die berufliche Entwicklung. Ein erfolgreiches Netzwerkmanagement erfordert kontinuierliche Anstrengungen und Engagement. Die Beziehungen, die heute aufgebaut werden, können in der Zukunft entscheidend sein.

Ein langfristiger Ansatz erfordert auch Geduld. Netzwerke entfalten oft erst mit der Zeit ihr volles Potenzial. Es ist wichtig, realistische Erwartungen zu haben und nicht sofortige Ergebnisse zu erwarten. Der Aufbau von Vertrauen und die Stärkung von Beziehungen erfordern Zeit und Ausdauer.

Networking als langfristige Investition bedeutet auch, sich aktiv in die Netzwerkaktivitäten einzubringen. Dies kann die Teilnahme an Diskussionen, die Organisation von Veranstaltungen oder die Übernahme von Führungsrollen in relevanten Gruppen umfassen. Ein proaktiver Ansatz trägt dazu bei, die eigene Sichtbarkeit zu erhöhen und die Wertschätzung im Netzwerk zu stärken.

Die Pflege von Beziehungen im Laufe der Zeit ist entscheidend. Dies kann durch regelmäßige Kontaktaufnahme, das Teilen von Erfolgen und das Angebot von Unterstützung geschehen. Networking ist nicht nur dann wichtig, wenn man etwas braucht, sondern sollte als kontinuierlicher Austausch betrachtet werden. Insgesamt verdeutlicht das strategische Netzwerkmanagement die Wichtigkeit einer bewussten und langfristigen Herangehensweise an den Aufbau und die Pflege von beruflichen Beziehungen. Die Kunst liegt darin, nicht nur viele Kontakte zu haben, sondern die richtigen Kontakte zu identifizieren und zu pflegen, um langfristig beruflichen Erfolg zu gewährleisten.

Netzwerke und Finanzen: Vom Kontakt zum Auftrag

Die Verbindung zwischen Netzwerken und Finanzen ist für beruflichen Erfolg entscheidend. In diesem Kapitel werden wir die direkte Auswirkung von Netzwerken auf die Einkommensquelle beleuchten. Vom Generieren von Aufträgen durch persönliche Verbindungen bis hin zur Kunst des Netzwerk-Marketings – dieses Kapitel bietet Einblicke in die Wechselwirkung zwischen Netzwerken und finanziellem Wachstum.

8.1 Wie Netzwerke direkten Einfluss auf die Einkommensquelle haben

Netzwerke sind mehr als nur soziale Verbindungen; sie sind eine strategische Ressource, die direkten Einfluss auf die Einkommensquelle haben kann. Der direkte Zugang zu potenziellen Kunden, Geschäftspartnern und Auftragsmöglichkeiten macht Netzwerke zu einem Schlüsselfaktor für finanzielles Wachstum.

Eine starke Präsenz in relevanten Netzwerken schafft Glaubwürdigkeit und Vertrauen. Kunden bevorzugen oft Dienstleistungen oder Produkte von Personen, die sie kennen oder denen sie durch Empfehlungen vertrauen. Die persönliche Verbindung, die durch Netzwerke entsteht, spielt eine entscheidende Rolle bei der Beeinflussung von Kaufentscheidungen.

Darüber hinaus ermöglichen Netzwerke den direkten Zugang zu Auftragsmöglichkeiten. Durch persönliche Kontakte können Selbstständige oder Unternehmerinnen direkt von Bedarfsträgern erfahren und gezielt auf Ausschreibungen oder Projektanfragen reagieren. Dieser unmittelbare Zugang zu geschäftlichen Chancen verkürzt den Vertriebszyklus und ermöglicht es, schneller auf den Markt zu reagieren.

Die Teilnahme an Networking-Veranstaltungen, Konferenzen und Branchenevents bietet die Möglichkeit, direkt mit potenziellen Kunden in Kontakt zu treten. Das persönliche Kennenlernen ermöglicht es, nicht nur die fachliche Kompetenz zu präsentieren, sondern auch eine persönliche Verbindung herzustellen. Diese persönliche Ebene kann den

Unterschied zwischen einem alltäglichen Geschäftskontakt und einem langfristigen Kundenverhältnis ausmachen.

8.2 Aufträge generieren durch persönliche Verbindungen

Die Generierung von Aufträgen durch persönliche Verbindungen ist eine der direktesten Auswirkungen von Netzwerken auf die Einkommensquelle. Die persönliche Empfehlung durch ein Netzwerkmitglied verleiht einer Geschäftsanfrage eine zusätzliche Vertrauensebene. Kunden neigen dazu, Dienstleistungen oder Produkte eher in Anspruch zu nehmen, wenn sie von jemandem empfohlen werden, dem sie vertrauen.

Die Pflege von bestehenden Geschäftsbeziehungen in einem Netzwerk ist genauso wichtig wie der Aufbau neuer Verbindungen. Stammkunden können zu wiederkehrenden Einnahmequellen werden, und zufriedene Kunden sind oft bereit, das eigene Geschäft weiterzuempfehlen. Ein strategisches Netzwerkmanagement, das auf langfristige Beziehungen abzielt, trägt dazu bei, einen stabilen Strom von Aufträgen zu generieren.

Die Kunst des Netzwerk-Marketings besteht darin, die eigenen Fähigkeiten und Dienstleistungen subtil und dennoch wirkungsvoll zu präsentieren. Dies kann durch die gezielte Teilnahme an Diskussionen, das Teilen von Fachkenntnissen und das Anbieten von Unterstützung innerhalb des Netzwerks erreicht werden. Die Schaffung eines positiven Images und einer klaren Positionierung im Netzwerk stärkt die eigene Markenpräsenz und erleichtert das Generieren von Aufträgen.

Die Vielfalt der Kontakte in einem Netzwerk bietet auch die Möglichkeit, verschiedene Auftraggebergruppen anzusprechen. Ein Netzwerk, das verschiedene Branchen und Experten abdeckt, erweitert das Potenzial für Aufträge aus verschiedenen Quellen. Die Fähigkeit, sich an unterschiedliche Kundenbedürfnisse anzupassen, ist entscheidend für den langfristigen Erfolg.

8.3 Die Kunst des Netzwerk-Marketings

Das Netzwerk-Marketing erfordert eine subtile Balance zwischen Selbstpräsentation und echtem Interesse an den Bedürfnissen anderer. Eine zu offensichtliche Verkaufsstrategie kann abschreckend wirken, während ein authentischer Austausch und die Bereitschaft, anderen zu helfen, einen positiven Eindruck hinterlassen.

Die Teilnahme an Networking-Veranstaltungen sollte nicht nur darauf abzielen, das eigene Geschäft zu bewerben, sondern auch dazu dienen, den Bedarf anderer zu verstehen. Das Zuhören ist genauso wichtig wie das Sprechen. Durch das Verstehen von Herausforderungen und Bedürfnissen anderer kann gezielter Support angeboten und die Grundlage für zukünftige Geschäftsmöglichkeiten gelegt werden.

Die Präsentation der eigenen Kompetenzen und Erfolge sollte auf eine Weise erfolgen, die den Mehrwert für potenzielle Kunden oder Partnerinnen betont. Case Studies, Erfolgsgeschichten und klare Nutzenargumente können dazu beitragen, das eigene Angebot zu verdeutlichen, ohne dabei zu aufdringlich zu wirken.

Die aktive Beteiligung an Diskussionen und Gruppen innerhalb des Netzwerks trägt ebenfalls zur eigenen Sichtbarkeit bei. Das Teilen von relevanten Inhalten, das Kommentieren von Beiträgen und das Anbieten von Fachwissen schaffen nicht nur Glaubwürdigkeit, sondern machen auch auf die eigenen Fähigkeiten aufmerksam.

Das Netzwerk-Marketing sollte auch digital stattfinden. Social-Media-Plattformen bieten eine zusätzliche Möglichkeit, das eigene Geschäft zu präsentieren und mit einem breiteren Publikum in Kontakt zu treten. Die Pflege eines professionellen Online-Profils und die regelmäßige Teilnahme an relevanten Diskussionen stärken die Online-Präsenz und erweitern die Reichweite des Netzwerk-Marketings.

Insgesamt zeigt die Kunst des Netzwerk-Marketings, dass es nicht nur um die Vermarktung von Produkten oder Dienstleistungen geht, sondern um den Aufbau von authentischen Beziehungen und den Mehrwert, den man für andere schafft. Das strategische Netzwerk-Marketing ist ein kraftvolles Instrument, um die direkte Auswirkung von Netzwerken auf die Einkommensquelle zu maximieren.

Die Macht des Empfehlungsmarketings

Empfehlungsmarketing, auch bekannt als Word-of-Mouth-Marketing, hat sich zu einer der kraftvollsten und effektivsten Formen der Kundengewinnung und Kundenbindung entwickelt. In diesem umfassenden Kapitel werden wir die Macht des Empfehlungsmarketings erkunden. Von der Art und Weise, wie Empfehlungen das Geschäft ankurbeln, über die Kundenbindung durch positive Netzwerkeffekte bis hin zu Fallstudien erfolgreicher Unternehmerinnen – dieses Kapitel bietet Einblicke in die transformative Kraft des Empfehlungsmarketings.

9.1 Wie Empfehlungen das Geschäft ankurbeln

Empfehlungen sind ein kraftvolles Instrument, um das Geschäft anzukurbeln. Die Essenz des Empfehlungsmarketings liegt darin, dass zufriedene Kunden zu Botschaftern für ein Produkt oder eine Dienstleistung werden. Wenn Menschen in ihrem Netzwerk positive Erfahrungen teilen, wird dies zu einer authentischen und glaubwürdigen Form der Werbung. Hier sind einige der Schlüsselaspekte, wie Empfehlungen das Geschäft beeinflussen:

Vertrauen und Glaubwürdigkeit: Empfehlungen kommen von Menschen, denen vertraut wird – sei es Familie, Freunde oder Kollegen. Die Empfehlung einer vertrauten Person schafft Glaubwürdigkeit und reduziert das Risiko für potenzielle Kunden. Das Vertrauen in die Meinung von anderen wirkt als kraftvoller Hebel im Kaufentscheidungsprozess.

Kosteneffektivität: Im Vergleich zu herkömmlichen Werbemaßnahmen ist Empfehlungsmarketing kosteneffizient. Es erfordert oft keine großen Budgets für Anzeigen oder Marketingkampagnen. Die Mundpropaganda durch zufriedene Kunden ist eine organische und oft kostenlose Möglichkeit, das Geschäft zu fördern.

Erweiterung des Kundenkreises: Empfehlungen ermöglichen es Unternehmen, ihren Kundenkreis organisch zu erweitern. Wenn zufriedene Kunden ihre Erfahrungen teilen, erreicht das Unternehmen neue potenzielle Kunden, die aufgrund der positiven Empfehlung Interesse zeigen.

Stärkung der Kundenbindung: Empfehlungen sind nicht nur ein Mittel zur Kundengewinnung, sondern auch zur Kundenbindung. Kunden, die Produkte oder Dienstleistungen aufgrund einer Empfehlung ausprobieren und zufrieden sind, neigen dazu, langfristige Bindungen an das Unternehmen einzugehen.

Authentizität und Emotion: Empfehlungen tragen eine emotionale Komponente in sich. Wenn Menschen ihre positiven Erfahrungen teilen, vermitteln sie nicht nur Fakten, sondern auch Emotionen. Dies macht die Empfehlung authentisch und ansprechend.

Empfehlungen können auf verschiedenen Ebenen stattfinden – von persönlichen Gesprächen über Social Media bis hin zu Online-Bewertungen. Die Kraft des Empfehlungsmarketings liegt in seiner Vielseitigkeit und der Fähigkeit, auf verschiedenen Kanälen aktiviert zu werden.

9.2 Kundenbindung durch positive Netzwerkeffekte

Positive Netzwerkeffekte entstehen, wenn die Nutzung eines Produkts oder einer Dienstleistung für einen Nutzer wertvoller wird, wenn mehr Menschen dasselbe Produkt oder dieselbe Dienstleistung nutzen. Empfehlungsmarketing ist ein treibender Faktor für positive Netzwerkeffekte, da es dazu beiträgt, die Nutzerbasis zu erweitern und die Bindung zwischen Kunden zu stärken. Hier sind einige Aspekte der Kundenbindung durch positive Netzwerkeffekte:

Virale Verbreitung: Empfehlungen können eine virale Verbreitung auslösen, insbesondere in Zeiten von Social Media. Wenn eine Empfehlung von einer Person geteilt wird, erreicht sie schnell ein großes Publikum, was zu einer exponentiellen Ausweitung des Einflusses führen kann.

Gemeinschaftsgefühl: Positive Empfehlungen schaffen ein Gemeinschaftsgefühl. Menschen, die dieselben Produkte oder Dienstleistungen nutzen und positive Erfahrungen teilen, fühlen sich miteinander verbunden. Dieses Gemeinschaftsgefühl stärkt die Kundenbindung, da Kunden nicht nur aufgrund des Produkts, sondern auch aufgrund der gemeinsamen Erfahrung miteinander verbunden sind.

Wachstum des Kundenwerts: Durch positive Netzwerkeffekte steigt der Kundenwert. Zufriedene Kunden, die das Produkt oder die Dienstleistung aktiv empfehlen, tragen nicht nur zur Kundengewinnung bei, sondern beeinflussen auch andere Kunden positiv. Dies führt zu einem nachhaltigen Wachstum des Kundenwerts.

Feedback-Schleife: Empfehlungen schaffen eine Feedback-Schleife. Wenn Kunden aufgrund einer Empfehlung zu einem Produkt oder einer Dienstleistung kommen, können ihre eigenen Erfahrungen zu weiteren Empfehlungen führen. Dies schließt den Kreis und verstärkt die positiven Netzwerkeffekte.

Die Integration von Empfehlungsmarketing in die Gesamtstrategie eines Unternehmens fördert positive Netzwerkeffekte und stärkt die Kundenbindung auf nachhaltige Weise.

9.3 Fallstudien erfolgreicher Unternehmerinnen

Um die Macht des Empfehlungsmarketings weiter zu verdeutlichen, werfen wir einen Blick auf einige Fallstudien erfolgreicher Unternehmerinnen, die durch geschicktes Empfehlungsmarketing ihre Geschäfte aufgebaut und erweitert haben.

Fallstudie 1: Ursula Svoboda, Netzwerkerin
Netzwerken ist de facto für jedes Business existenziell. Jemand braucht dein Angebot und/oder kennt jemanden, der wieder jemanden kennt, der dein Angebot nützen möchte. Umgekehrt genauso. Du brauchst etwas und kennst so garantiert jemanden, der wieder jemanden kennt, der das hat, was du brauchst.
Empfehlungen... Ich nutze lieber das Angebot der Menschen, die mir von jemandem, den ich kenne, empfohlen bekomme. Diesbezüglich ist Netzwerken für buchstäblich jeden wichtig. „Kennst du... ein gutes Restaurant, Zahnarzt, Installateur usw.
Unterstützung... in einem funktionierenden Netzwerk funktioniert Unterstützung in jeder Richtung, sei es psychisch, wenn neue Blickwinkel nötig sind, als auch durch Punkt 1.) oder 2)
Das Netzwerk zu erweitern und/oder zu verändern, bedeutet auch, sich selbst weiterzuentwickeln. Seinen Bekanntenkreis nicht zu erweitern und anzupassen, bedeutet, in seiner Entwicklung stehenzubleiben.

Fallstudie 2: Madeleine Stebner, Fotografin
Die Netzwerk-Calls von Noëmi sind jedesmal super inspirierend, ermu-

tigend und informativ. Neben dem Input, der einen inhaltlich immer weiterlernen lässt, sind es vor allem die unfassbar tollen Frauen und ihre Geschichten, die das Netzwerken für mich so wertvoll machen: Ein so wertvoller Erfahrungsaustausch. Zudem haben sich daraus bereits eine wundervolle Kooperation sowie tolle Shootings ergeben.

Fallstudie 3: Saskia von der Burg, freie Journalistin, Kommunikationscoach und Inklusionsexpertin, hat als Gründerin von www.dasblindehuhn.de ihre Chance genutzt:
Durch Womansphere habe ich nicht nur die Möglichkeit, mich wöchentlich mit anderen Gründerinnen auszutauschen, inspirieren zu lassen und zu vernetzen.
Womansphere ist für mich außerdem die perfekte Plattform, um auf eines meiner Hauptanliegen – die Förderung von Inklusion und die damit verbundene Kommunikation auf Augenhöhe - aufmerksam zu machen und damit nicht betroffene Menschen für dieses wichtige Thema zu sensibilisieren.

Diese Fallstudien unterstreichen die Vielfältigkeit des Empfehlungsmarketings und wie es unterschiedliche Geschäftsmodelle und Branchen stärken kann. Erfolgreiche Unternehmerinnen verstehen die Macht der persönlichen Empfehlung und integrieren sie aktiv in ihre Marketingstrategien.

Insgesamt verdeutlicht die Betrachtung von Empfehlungsmarketing in seinen verschiedenen Facetten die transformative Kraft dieser Marketingform. Von der Anregung des Geschäftswachstums über die Stärkung der Kundenbindung bis hin zur Nutzung positiver Netzwerkeffekte – Empfehlungsmarketing ist eine Schlüsselkomponente für den nachhaltigen Erfolg von Unternehmerinnen in verschiedenen Branchen und Kontexten.

Netzwerke und persönliche Weiterentwicklung

Netzwerke spielen eine entscheidende Rolle in der persönlichen Weiterentwicklung. Dieses Kapitel widmet sich der Verbindung zwischen Netzwerken und der Förderung individueller Wachstumsprozesse. Von den Lernmöglichkeiten durch Netzwerken über die Rolle des Mentorings als Wegbereiter für den persönlichen Erfolg bis hin zu der tiefgreifenden Art und Weise, wie Netzwerke die berufliche Entwicklung beeinflussen – wir werden die verschiedenen Facetten dieses wichtigen Zusammenhangs erkunden.

10.1 Lernen durch Netzwerken

Netzwerke sind nicht nur Plattformen für berufliche Kontakte, sondern auch lebendige Lernumgebungen. Der Austausch mit Gleichgesinnten, Branchenexperten und Meinungsführerinnen bietet ein reichhaltiges Reservoir an Wissen und Erfahrungen. Hier sind einige Wege, wie Netzwerke individuelles Lernen fördern:

Diverse Perspektiven: In einem Netzwerk treffen Menschen mit unterschiedlichen Hintergründen, Fachkenntnissen und Erfahrungen aufeinander. Diese Vielfalt schafft die Möglichkeit, verschiedene Perspektiven zu verstehen und den eigenen Horizont zu erweitern. Der Zugang zu unterschiedlichen Sichtweisen fördert das kritische Denken und unterstützt dabei, fundierte Entscheidungen zu treffen. Die Interaktion mit einer breiten Palette von Meinungen ermöglicht es, vielschichtige Überlegungen anzustellen und die eigene Herangehensweise zu verfeinern, was wiederum zu einer vertieften intellektuellen Reife führt.

Branchenkenntnisse: Netzwerke ermöglichen den Zugang zu aktuellen Informationen und Entwicklungen in der Branche. Der Austausch von Branchenkenntnissen und Erfahrungen trägt dazu bei, auf dem neuesten Stand zu bleiben und sich in einem sich ständig verändernden beruflichen Umfeld anzupassen. Durch die breitere Palette an Fachkenntnissen, die in einem Netzwerk vorhanden ist, erhält man nicht nur Einblicke in die aktuellen Trends, sondern auch in bewährte Praktiken und mögliche Zukunftsstrategien, die die Grundlage für eine erfolgreiche berufliche Entwicklung bilden.

Best Practices und Erfolgsgeschichten: Innerhalb eines Netzwerks werden oft Best Practices und Erfolgsgeschichten geteilt. Der Einblick in die Strategien und Erfahrungen anderer, die bereits erfolgreich sind, bietet Inspiration und konkrete Handlungsansätze. Diese Erfahrungen können als Leitfaden für die eigene berufliche Entwicklung dienen. Durch die vertiefte Analyse von Erfolgsgeschichten können wertvolle Lektionen gelernt werden, die als Blaupause für den eigenen Weg dienen und den Weg zu nachhaltigem beruflichem Erfolg ebnen.

Skill-Entwicklung: Durch Netzwerke können individuelle Fähigkeiten weiterentwickelt werden. Die Teilnahme an Workshops, Schulungen oder Diskussionen innerhalb des Netzwerks bietet die Möglichkeit, neue Fähigkeiten zu erlernen und vorhandene zu vertiefen. Der informelle Austausch in Netzwerken ermöglicht oft auch das Lernen von sogenannten "weichen" Fähigkeiten, wie Kommunikation und Führung. Die Vielfalt an Expertise innerhalb des Netzwerks schafft einen fruchtbaren Nährboden für kontinuierliche persönliche und berufliche Weiterentwicklung, da verschiedene Perspektiven und Fertigkeiten miteinander in Berührung kommen und voneinander profitieren.

10.2 Mentoring als Wegbereiter für den persönlichen Erfolg

Mentoring ist eine leistungsstarke Form der persönlichen Weiterentwicklung, die eng mit Netzwerken verbunden ist. Mentorinnen sind erfahrene Personen, die ihre Kenntnisse, Erfahrungen und Einsichten teilen, um die Entwicklung ihrer Mentees zu fördern. Hier sind einige Schlüsselaspekte der Rolle von Mentoring in der persönlichen Entwicklung:

Erfahrungsaustausch: Mentoring ermöglicht einen direkten Erfahrungsaustausch. Mentorinnen teilen ihre eigenen beruflichen und persönlichen Erfahrungen, einschließlich Herausforderungen und Erfolge. Dieser direkte Einblick hilft den Mentees, von den Lektionen anderer zu profitieren und mögliche Stolpersteine zu vermeiden. Die Tiefe des Austauschs eröffnet eine reichhaltige Quelle für Erkenntnisse und ermöglicht eine ganzheitliche Perspektive auf die Herausforderungen und Erfolge im beruflichen Werdegang.

Karriereberatung: Mentorinnen können wertvolle Karriereberatung bieten. Dies kann die Entwicklung von beruflichen Zielen, die Identifizierung von Wachstumschancen und die Navigation durch berufliche Herausforderungen umfassen. Die Perspektive einer erfahrenen Mentorin trägt dazu bei, klare berufliche Ziele zu setzen und strategische Entscheidungen zu treffen. Die individuelle Aufmerksamkeit und Anleitung, die durch Mentoring bereitgestellt werden, schaffen eine maßgeschneiderte Unterstützung für die berufliche Entwicklung der Mentees.

Netzwerkeffekt: Durch Mentoring werden oft auch erweiterte Netzwerke erschlossen. Die Mentorin, als erfahrene Person in der Branche, kann ihre Kontakte teilen und den Zugang zu relevanten Netzwerken erleichtern. Dieser Netzwerkeffekt ist eine zusätzliche Ressource für die persönliche Entwicklung der Mentees. Die Mentor-Mentee-Beziehung erweitert nicht nur das individuelle Netzwerk, sondern ermöglicht auch den Zugang zu neuen Perspektiven, Möglichkeiten und Ressourcen, die sonst vielleicht nicht zugänglich wären.

Entwicklung von Führungsfähigkeiten: Mentoring fördert die Entwicklung von Führungsfähigkeiten. Durch die Zusammenarbeit mit erfahrenen Mentorinnen können Mentees Einblicke in effektive Führungspraktiken gewinnen. Dies ist besonders wichtig für Frauen, die oft vor besonderen Herausforderungen in Bezug auf Leadership stehen. Die persönliche Betreuung und Anleitung durch erfahrene Mentoren schafft einen Raum für die Entwicklung von Führungskompetenzen, der auf individuellen Stärken und Herausforderungen basiert.

Empowerment: Mentoring ist ein kraftvolles Instrument des Empowerments. Durch die Unterstützung und Anleitung einer Mentorin fühlen sich Mentees ermächtigt, ihre Ziele zu verfolgen und Herausforderungen zu meistern. Das gestärkte Selbstvertrauen trägt zur persönlichen Weiterentwicklung bei. Die Mentor-Mentee-Beziehung schafft eine unterstützende Umgebung, in der Mentees befähigt werden, ihre Potenziale zu erkennen und selbstbewusst auf ihre beruflichen Ziele hinzuarbeiten.

10.3 Wie Netzwerke die berufliche Entwicklung beeinflussen

Netzwerke spielen eine entscheidende Rolle bei der beruflichen Entwicklung, und ihr Einfluss erstreckt sich über verschiedene Schlüsselaspekte, die von der Karriereprogression bis zur persönlichen Markenbildung reichen. Diese Vielfalt an Einflussfaktoren verdeutlicht die umfassende Bedeutung von Netzwerken für die individuelle berufliche Entwicklung. Im Folgenden werden die verschiedenen Wege näher erläutert, auf denen Netzwerke diese Entwicklung beeinflussen:

Zugang zu Karrieremöglichkeiten: Ein gut aufgebautes berufliches Netzwerk eröffnet den Zugang zu einer Vielzahl von Karrieremöglichkeiten. Informationen über offene Positionen, innovative Projekte oder berufliche Weiterbildungsangebote werden oft innerhalb des Netzwerks geteilt. Diese frühzeitige Verfügbarkeit von relevanten Informationen erleichtert es den Einzelnen, ihre Karriere strategisch zu planen und gezielte Schritte für eine erfolgreiche berufliche Entwicklung zu unternehmen.

Mentoring und Coaching: Innerhalb von Netzwerken entstehen oft wertvolle Mentoring- und Coaching-Beziehungen. Diese persönliche Unterstützung durch erfahrene Personen im Netzwerk ist entscheidend für die Bewältigung beruflicher Herausforderungen und die Identifikation klarer Entwicklungspfade. Durch den Austausch von Erfahrungen und Ratschlägen innerhalb dieser Beziehungen können Mentees gezielt an ihrer beruflichen Weiterentwicklung arbeiten.

Sichtbarkeit und Anerkennung: Netzwerke tragen maßgeblich zur Sichtbarkeit und Anerkennung bei. Durch die aktive Teilnahme an Branchenveranstaltungen, Konferenzen und Networking-Veranstaltungen wird die eigene Präsenz gestärkt. Dies ist besonders bedeutsam in Branchen, die oft von Männerdomänen geprägt sind, und unterstützt Frauen dabei, Gehör zu finden und ihre Leistungen angemessen anerkennen zu lassen.

Wissensaustausch: Netzwerke dienen als hervorragende Plattformen für den intensiven Wissensaustausch. Die gemeinsame Diskussion von Fachkenntnissen, Best Practices und aktuellen Branchentrends fördert nicht nur das individuelle Lernen, sondern trägt auch entscheidend zur professionellen Weiterentwicklung bei. Der Zugang zu einem breiten Spektrum an Wissen ist ein entscheidender Faktor für nachhaltigen beruflichen Erfolg.

Kollaboration und Projektmöglichkeiten: Netzwerke bieten vielfältige Chancen zur Kollaboration und Beteiligung an Projekten. Die Bildung von Arbeitsgruppen, Kooperationen und gemeinsamen Projekten innerhalb des Netzwerks ermöglicht es den Mitgliedern, wertvolle Erfahrungen zu sammeln, ihre Fähigkeiten zu erweitern und sich beruflich weiterzuentwickeln.

Aufbau einer persönlichen Marke: Netzwerke unterstützen aktiv den Aufbau einer persönlichen Marke. Die aktive Teilnahme an Diskussionen, das Teilen von Fachwissen und die Pflege von Beziehungen tragen dazu bei, eine positive Reputation aufzubauen. Eine starke persönliche Marke erleichtert es den Einzelnen, berufliche Ziele zu erreichen und als Experten wahrgenommen zu werden, was wiederum die Karriere vorantreibt.

Insgesamt verdeutlicht die enge Verbindung zwischen Netzwerken und persönlicher Weiterentwicklung, dass der Aufbau und die Pflege von beruflichen Beziehungen nicht nur für die Karriereprogression von entscheidender Bedeutung sind, sondern auch einen fundamentalen Beitrag zum individuellen Wachstum leisten. Netzwerke fungieren nicht nur als Instrumente für beruflichen Erfolg, sondern spielen auch eine Schlüsselrolle bei der kulturellen Transformation und der Förderung von Vielfalt in verschiedenen Branchen.

 Netzwerke weben – Erfolg ernten

Hürden überwinden: Netzwerken in männerdominierten Branchen

Die Teilnahme von Frauen in männerdominierten Branchen ist in den letzten Jahren gestiegen, aber es bleibt eine Tatsache, dass geschlechtsspezifische Hürden und Barrieren bestehen. Netzwerken spielt dabei eine entscheidende Rolle, da es nicht nur beruflichen Fortschritt fördert, sondern auch eine Plattform für den Austausch von Erfahrungen und Strategien bietet. In diesem Kapitel werden wir uns mit Strategien für selbstbewusstes Networking, dem Netzwerkaufbau trotz geschlechtsspezifischer Barrieren und erfolgreichen Beispielen aus verschiedenen Branchen auseinandersetzen.

11.1 Strategien für selbstbewusstes Networking

In männerdominierten Branchen stellt der Aufbau eines selbstbewussten Netzwerks eine besondere Herausforderung dar, die durch gezielte Strategien angegangen werden kann. Es gibt verschiedene Ansätze, um dieser Herausforderung erfolgreich zu begegnen, und nachfolgend werden einige erweiterte Überlegungen zu diesen Strategien dargelegt:

Authentizität bewahren: Die Bewahrung von Authentizität bleibt ein entscheidender Faktor, um Vertrauen aufzubauen. Frauen sollten nicht das Gefühl haben, ihre Persönlichkeit verändern zu müssen, um in männerdominierten Branchen Fuß zu fassen. Authentisches Networking ermöglicht es Frauen, sich auf natürliche Weise zu präsentieren und Beziehungen aufzubauen, die auf Ehrlichkeit und Vertrauen basieren. Diese Authentizität kann als Grundlage dienen, um langfristige berufliche Verbindungen zu etablieren und eine positive Arbeitsumgebung zu schaffen, in der Vielfalt und Individualität geschätzt werden.

Sich als Expertin positionieren: Frauen sollten nicht nur ihre Fachkompetenz betonen, sondern auch aktiv Schritte unternehmen, um sich als unumstrittene Expertinnen in ihrem Bereich zu positionieren. Dies kann durch verstärkte Teilnahme an Fachveranstaltungen, das großzügige Teilen von Fachwissen in Netzwerken und die aktive Beteiligung an Diskussionen erfolgen. Das kontinuierliche Hervorheben der eigenen Expertise stärkt nicht nur das Selbstbewusstsein, sondern fördert auch die Anerkennung und Respekt in der Branche, was wiederum den Weg für beruflichen Erfolg ebnen kann.

Mentoring suchen: Mentoring bleibt eine wirkungsvolle Strategie, um sich in männerdominierten Branchen zu behaupten. Die Zusammenarbeit mit erfahrenen Mentorinnen, die bereits erfolgreich in der Branche sind, bietet nicht nur Unterstützung und Orientierung, sondern auch wertvolle Einblicke in die Bewältigung geschlechtsspezifischer Herausforderungen. Ein effektives Mentoring-Verhältnis kann dazu beitragen, das Selbstvertrauen zu stärken und einen klaren Weg für die berufliche Entwicklung zu ebnen, indem es Frauen ermöglicht, von den Erfahrungen anderer zu profitieren und ihre eigene Karriere zu gestalten.

Netzwerke gezielt nutzen: Frauen sollten ihre Netzwerke gezielt nutzen, um Verbindungen zu knüpfen, die ihre beruflichen Ziele unterstützen. Dies kann die bewusste Identifizierung von Schlüsselpersonen in der Branche, potenziellen Mentorinnen oder Gleichgesinnten umfassen. Ein strategisches Netzwerken ermöglicht es Frauen, nicht nur relevante Kontakte zu knüpfen, sondern auch in männerdominierten Umgebungen aktiv Fuß zu fassen und ihre Präsenz zu stärken. Durch den gezielten Aufbau von Beziehungen können Frauen nicht nur von Ressourcen und Möglichkeiten profitieren, sondern auch dazu beitragen, bestehende Geschlechterklischees in der Branche zu überwinden.

Selbstvermarktung beherrschen: Die Kunst der Selbstvermarktung bleibt ein wichtiger Aspekt, um in männerdominierten Branchen wahrgenommen zu werden. Frauen sollten lernen, ihre Erfolge selbstbewusst zu präsentieren, sei es in Meetings, Präsentationen oder innerhalb von Netzwerken. Das Meistern dieser Fähigkeit trägt dazu bei, die eigene Sichtbarkeit zu erhöhen und die verdiente Anerkennung für die erbrachten Leistungen zu erhalten. Durch gezielte Selbstvermarktung können Frauen ihre Position in der Branche stärken und langfristig ihre beruflichen Ziele erreichen, indem sie aktiv dazu beitragen, Geschlechterstereotype herauszufordern und eine inklusivere Arbeitskultur zu fördern.

11.2 Netzwerkaufbau trotz geschlechtsspezifischer Barrieren

Der Netzwerkaufbau in männerdominierten Branchen ist eine Herausforderung, die jedoch mithilfe effektiver Strategien überwunden werden kann. Die folgenden ausführlichen Überlegungen bieten einen detaillierten Einblick in verschiedene Ansätze, um geschlechtsspezifische Barrieren im Netzwerkaufbau zu bewältigen und Frauen in männerdominierten Umgebungen zu stärken.

Gezielte Netzwerkveranstaltungen:
Die Teilnahme an Netzwerkveranstaltungen, die speziell auf die jeweilige Branche zugeschnitten sind, kann eine wirkungsvolle Strategie sein, um gezielt Kontakte zu knüpfen. Frauen sollten dabei auf Veranstaltungen setzen, die von relevanten Organisationen oder Unternehmen organisiert werden, um sicherzustellen, dass sie sich in einem Umfeld bewegen, das ihre beruflichen Ziele unterstützt. Hierbei geht es nicht nur um die quantitative Teilnahme, sondern auch um die bewusste Auswahl von Events, bei denen hochkarätige Persönlichkeiten und Schlüsselfiguren der Branche vertreten sind. Der Fokus liegt darauf, in männerdominierten Umgebungen sichtbarer zu werden und Beziehungen aufzubauen, die nicht nur kurzfristige, sondern auch langfristige berufliche Chancen eröffnen.

Online-Netzwerke nutzen:
Die fortschreitende Digitalisierung bietet Frauen die Möglichkeit, Online-Netzwerke als effektives Mittel für den Netzwerkaufbau zu nutzen. Plattformen wie LinkedIn oder spezifische Branchenforen ermöglichen es Frauen, unabhängig von physischen Barrieren gezielt Kontakte zu knüpfen, Fachwissen auszutauschen und sich als aktive Teilnehmerinnen in der Branche zu positionieren. Die virtuelle Welt eröffnet einen Raum für Networking, der geschlechtsspezifische Hürden überwindet und den Fokus auf die Fachkompetenz und den beruflichen Beitrag legt. Frauen können somit ihre Präsenz nicht nur in physischen, sondern auch in digitalen Netzwerken stärken, was die Reichweite und Vielfalt ihrer Verbindungen erweitert.

Frauennetzwerke einbeziehen:
Frauennetzwerke spielen eine entscheidende Rolle dabei, geschlechtsspezifische Barrieren im Netzwerkaufbau zu überwinden. Diese Netz-

werke bieten nicht nur Unterstützung und Empowerment, sondern ermöglichen es Frauen auch, von den Erfahrungen erfolgreicher Frauen zu lernen. Die Integration von Frauennetzwerken in die Gesamtstrategie des Netzwerkaufbaus schafft eine unterstützende Umgebung, in der Frauen ihre beruflichen Ziele verfolgen können. Der Austausch innerhalb dieser Netzwerke ermöglicht es, bewährte Praktiken zu teilen und gemeinsam an Lösungen für geschlechtsspezifische Herausforderungen zu arbeiten. Die Beteiligung an Frauennetzwerken stärkt somit nicht nur individuelle Beziehungen, sondern fördert auch die Solidarität und das kollektive Wachstum von Frauen in männerdominierten Branchen.

Sichtbarkeit in der Öffentlichkeit:
Die Sichtbarkeit in der Öffentlichkeit spielt eine Schlüsselrolle bei der Überwindung geschlechtsspezifischer Barrieren im Netzwerkaufbau. Frauen sollten sich aktiv an Branchendiskussionen beteiligen, Fachbeiträge verfassen und als Sprecherinnen bei Veranstaltungen auftreten. Dies nicht nur als Mittel zur Selbstdarstellung, sondern auch als Möglichkeit, die eigene Expertise zu zeigen und als wichtige Stimme in der Branche wahrgenommen zu werden. Die proaktive Teilnahme an öffentlichen Diskussionen stärkt nicht nur die individuelle Position, sondern trägt auch zur Schaffung einer inklusiveren und vielfältigeren Branche bei. Die öffentliche Sichtbarkeit wirkt als Katalysator für den Aufbau von Beziehungen und ermöglicht es Frauen, sich als einflussreiche Persönlichkeiten in ihrer Branche zu etablieren.

Gemeinschaftsbildung:
Der Aufbau von Gemeinschaften innerhalb der Branche bietet Frauen die Möglichkeit, sich besser zu vernetzen und unterstützt zu fühlen. Die Bildung von Netzwerken innerhalb der Organisation oder der Branche ermöglicht es Frauen, sich untereinander auszutauschen, Ressourcen zu teilen und gemeinsam geschlechtsspezifische Herausforderungen anzugehen. Dies schafft nicht nur eine unterstützende Gemeinschaft, sondern fördert auch die Schaffung eines inklusiveren Arbeitsumfelds. Gemeinschaftsbildung spielt somit eine entscheidende Rolle bei der Überwindung von Isolation und der Stärkung des Zusammenhalts unter Frauen in männerdominierten Branchen. Der Aufbau von Beziehungen innerhalb dieser Gemeinschaften ermöglicht es Frauen, sich gemeinsam für Veränderungen einzusetzen und eine nachhaltige, geschlechtergerechtere Arbeitsumgebung zu schaffen.

Insgesamt verdeutlichen diese Strategien, dass der Netzwerkaufbau in männerdominierten Branchen nicht nur auf individueller Ebene, sondern auch durch kollektive Anstrengungen und eine strukturierte Integration von Frauennetzwerken vorangetrieben werden kann. Durch die gezielte Nutzung von Netzwerkveranstaltungen, die Online-Welt, die Sichtbarkeit in der Öffentlichkeit und den Aufbau unterstützender Gemeinschaften können Frauen nicht nur geschlechtsspezifische Barrieren überwinden, sondern auch eine nachhaltige Veränderung in der Branche bewirken. Diese umfassenden Ansätze tragen dazu bei, eine vielfältigere und inklusivere berufliche Landschaft zu schaffen, in der Frauen ihr volles berufliches Potenzial entfalten können.

Netzwerken pflegen und erweitern

Das Kapitel 12 widmet sich einem zentralen Aspekt des erfolgreichen Netzwerkens – der Pflege und Erweiterung von bestehenden Netzwerken. Netzwerken ist nicht nur ein kurzfristiger Prozess, sondern sollte als fortlaufender und integrativer Teil des beruflichen und persönlichen Lebens betrachtet werden. In diesem Kapitel werden wir die Bedeutung der Kontinuität im Netzwerken, die Idee des Networking als Lebensstil sowie praktische Tipps und Tricks zur Knüpfung neuer Kontakte ausführlich betrachten.

12.1 Die Bedeutung von Kontinuität im Netzwerken

Die Bedeutung von Kontinuität beim Netzwerken erstreckt sich über verschiedene Schlüsselaspekte und spielt eine zentrale Rolle für langfristigen Erfolg und nachhaltige Beziehungen. Der Netzwerkaufbau ist keine einmalige Angelegenheit, sondern erfordert eine kontinuierliche Pflege und Erweiterung, um die Vorteile über die Zeit hinweg zu maximieren. Hier werden einige Gründe erläutert, warum Kontinuität beim Netzwerken so entscheidend ist und wie sie langfristigen beruflichen Erfolg fördert:

1. Langfristige Beziehungen:
Einer der wesentlichen Gründe für die Kontinuität beim Netzwerken ist die Fokussierung auf langfristige Beziehungen. Ein erfolgreiches Netzwerk baut nicht nur auf kurzfristigen Vorteilen auf, sondern auf Beziehungen, die über Jahre hinweg gepflegt werden. Durch kontinuierliche Interaktionen entsteht eine tiefere Verbundenheit, die auf Vertrauen und Verlässlichkeit basiert. Diese langfristigen Beziehungen können zu kollaborativen Möglichkeiten, gemeinsamen Projekten und Empfehlungen führen, die sich über die gesamte berufliche Laufbahn erstrecken.

2. Aktualisierung von Informationen:
Die Geschäftswelt ist dynamisch und unterliegt ständigen Veränderungen. Kontinuierliche Interaktion mit Netzwerkpartnern ermöglicht es, stets auf dem Laufenden über aktuelle Entwicklungen und Trends

zu bleiben. Diese fortlaufende Aktualisierung von Informationen ist von entscheidender Bedeutung, um relevante und fundierte Entscheidungen im beruflichen Kontext treffen zu können. Diejenigen, die in der Lage sind, ihr Netzwerk aktiv zu pflegen und auf dem neuesten Stand zu halten, haben einen klaren Wissensvorsprung, der sich in verschiedenen beruflichen Situationen als wertvoll erweisen kann.

3. Unterstützung in verschiedenen Lebensphasen:

Das berufliche und persönliche Leben durchläuft verschiedene Phasen, von der Karriereentwicklung bis zu persönlichen Herausforderungen. Kontinuierliche Netzwerkbeziehungen bieten eine kontinuierliche Unterstützung in diesen unterschiedlichen Lebensphasen. Netzwerkpartner können in der Suche nach neuen beruflichen Herausforderungen unterstützen, bei der Überwindung von Hindernissen beratend zur Seite stehen und gemeinsam Erfolge feiern. Die Konstanz in diesen Beziehungen schafft eine solide Grundlage für ein unterstützendes berufliches Umfeld.

4. Reputation und Vertrauen:

Die Kontinuität im Netzwerken trägt wesentlich zur Bildung einer positiven Reputation bei. Durch langfristige Interaktionen wird Vertrauen aufgebaut, und die Netzwerkpartner beginnen, eine Person als zuverlässig, kompetent und engagiert wahrzunehmen. Eine positive Reputation ist ein entscheidender Faktor bei beruflichen Chancen und Erfolgen. Kontinuität im Netzwerken ermöglicht es, diese Reputation aufzubauen und zu pflegen, was wiederum Türen öffnet und den Weg für neue Möglichkeiten ebnen kann.

Insgesamt unterstreicht die Bedeutung der Kontinuität beim Netzwerken, dass es nicht nur darum geht, oberflächliche Verbindungen zu knüpfen, sondern tiefe und langfristige Beziehungen aufzubauen. Die fortlaufende Pflege des Netzwerks erfordert Engagement, Aufmerksamkeit und die Bereitschaft zur gegenseitigen Unterstützung. Netzwerken als kontinuierlichen Prozess zu betrachten, ermöglicht es Einzelpersonen, die vielfältigen Vorteile langfristiger Beziehungen in verschiedenen Aspekten ihres beruflichen und persönlichen Lebens zu genießen.

12.2 Networking als Lebensstil

Networking sollte nicht länger als isolierte Aktivität betrachtet werden, die nur zu speziellen Anlässen stattfindet. Vielmehr sollte es als Lebensstil verstanden werden, der in verschiedene Aspekte des beruflichen und persönlichen Lebens integriert ist. Diese umfassende Perspektive auf Networking als Lebensstil erstreckt sich über verschiedene Schlüsselaspekte und beinhaltet die kontinuierliche Selbstpräsentation, regelmäßige Teilnahme an Veranstaltungen, digitales Networking, die Betrachtung von Mentoring als fortlaufenden Prozess sowie Selbstreflexion und -entwicklung.

1. Kontinuierliche Selbstpräsentation:

Ein entscheidender Aspekt des Networking als Lebensstil ist die kontinuierliche Selbstpräsentation. Dies sollte nicht auf spezielle Networking-Events beschränkt sein, sondern als integraler Bestandteil des täglichen Lebens verstanden werden. Jeder berufliche oder soziale Kontakt bietet die Gelegenheit zur Selbstpräsentation. Die Fähigkeit, die eigene Expertise zu teilen und sich in verschiedenen Kontexten authentisch zu präsentieren, wird zu einem natürlichen Bestandteil des persönlichen Lebensstils.

2. Regelmäßige Teilnahme an Veranstaltungen:

Networking-Veranstaltungen bieten herausragende Gelegenheiten, neue Kontakte zu knüpfen und bestehende Beziehungen zu pflegen. Als Lebensstil sollte die regelmäßige Teilnahme an relevanten Veranstaltungen fest in den Terminkalender integriert werden. Dies können Branchenkonferenzen, Seminare, Workshops oder informelle Meetups sein. Durch eine konsequente Teilnahme wird Networking zu einer kontinuierlichen Aktivität, die das persönliche und berufliche Wachstum fördert.

3. Digitales Networking:

In der heutigen vernetzten Welt ist digitales Networking unverzichtbar. Als integraler Bestandteil des Lebensstils sollte die regelmäßige Nutzung von Online-Plattformen wie LinkedIn, Xing oder Branchenforen fest verankert sein. Das Teilen von Inhalten, die Beteiligung an Diskussionen und die Pflege von Online-Beziehungen werden zu wichtigen Elementen des digitalen Netzwerkens. Diese Online-Präsenz ermöglicht es, Verbindungen über geografische Grenzen hinweg zu pflegen und das Netzwerk auf globaler Ebene auszubauen.

4. Mentoring als fortlaufender Prozess:
Mentoring sollte nicht als einmalige Aktivität betrachtet werden, sondern als fortlaufender Prozess. Dies bedeutet, dass Mentees kontinuierlich von den Erfahrungen und Ratschlägen ihrer Mentorinnen profitieren sollten. Gleichzeitig sollten Mentorinnen ihre Mentees über einen längeren Zeitraum begleiten und unterstützen. Diese langfristige Perspektive auf Mentoring fördert nicht nur die berufliche Entwicklung der Einzelnen, sondern trägt auch zu einer tieferen und nachhaltigeren Verbindung im Netzwerk bei.

5. Selbstreflexion und -entwicklung:
Networking als Lebensstil erfordert kontinuierliche Selbstreflexion und -entwicklung. Die Bereitschaft zur kontinuierlichen Verbesserung, sei es durch Weiterbildung, die Entwicklung neuer Fähigkeiten oder die Anpassung beruflicher Ziele, stärkt die eigene Position im Netzwerk. Die Fähigkeit, sich flexibel an Veränderungen anzupassen und persönliches Wachstum aktiv zu verfolgen, wird zu einem integralen Bestandteil des Lebensstils, der den langfristigen Erfolg im Netzwerken fördert.

Insgesamt betont die Perspektive des Networking als Lebensstil die Bedeutung einer nachhaltigen und integrierten Herangehensweise an den Aufbau und die Pflege von Beziehungen. Durch die Umsetzung dieser Überlegungen wird Networking zu einer kontinuierlichen Quelle der beruflichen Inspiration, persönlichen Unterstützung und langfristigen Entwicklung. Indem Networking als integraler Bestandteil des Lebensstils verstanden wird, können Menschen nicht nur kurzfristige Vorteile genießen, sondern auch langfristige Beziehungen aufbauen, die den persönlichen und beruflichen Weg nachhaltig prägen.

12.3 Neue Kontakte knüpfen: Tipps und Tricks

Das Knüpfen neuer Kontakte ist nicht nur eine Fähigkeit, sondern eine essenzielle Praxis im beruflichen und persönlichen Leben. Die Fähigkeit, effektiv und gezielt neue Beziehungen aufzubauen, kann nicht nur beruflichen Erfolg fördern, sondern auch zu einer unterstützenden Community führen. Im Folgenden werden praktische Tipps und Tricks vorgestellt, die dazu beitragen, diese Herausforderung erfolgreich zu bewältigen.

1. Klar definierte Ziele setzen:

Bevor man sich in das Abenteuer des Kontaktknüpfens stürzt, ist es entscheidend, klare Ziele zu setzen. Möchte man neue Kunden gewinnen, branchenspezifische Informationen sammeln oder nach potenziellen Mentorinnen suchen? Klare Zielsetzungen erleichtern nicht nur die gezielte Kontaktaufnahme, sondern ermöglichen auch eine effektivere Nutzung der verfügbaren Ressourcen.

2. Aktive Teilnahme an Veranstaltungen:

Die aktive Teilnahme an Networking-Veranstaltungen ist eine der wirkungsvollsten Methoden, um neue Kontakte zu knüpfen. Hierbei geht es nicht nur um das reine Vorstellen, sondern auch um das Stellen von Fragen, das Teilen eigener Erfahrungen und das aktive Zuhören. Durch diese aktive Beteiligung entsteht eine authentische Verbindung, die über den Moment der Begegnung hinausreicht.

3. Nutzung von Online-Plattformen:

In einer zunehmend vernetzten Welt sind Online-Plattformen unverzichtbar für das Networking. Plattformen wie LinkedIn, Xing oder branchenspezifische Foren bieten eine Fülle von Möglichkeiten, um relevante Kontakte zu identifizieren und anzusprechen. Die gezielte Suche nach Personen mit ähnlichen Interessen oder beruflichen Hintergründen kann eine wertvolle Ressource für das Knüpfen neuer Beziehungen sein.

4. Gemeinsame Interessen finden:

Das Knüpfen von Beziehungen wird erheblich erleichtert, wenn man gemeinsame Interessen entdeckt. Sei es ein gemeinsames Hobby, ähnliche berufliche Herausforderungen oder branchenspezifische Interessen – das Teilen von Gemeinsamkeiten schafft eine grundlegende Basis für eine tiefere und langfristige Verbindung.

5. Freundliche und offene Kommunikation:

Der erste Eindruck zählt, und eine freundliche und offene Kommunikation ist entscheidend. Egal, ob es um persönliche Treffen oder digitale Kommunikationskanäle geht, eine positive Atmosphäre trägt dazu bei, Beziehungen aufzubauen. Das Teilen von relevanten Informationen, das Zeigen von Interesse und das Eingehen auf andere Meinungen schaffen eine offene Gesprächsatmosphäre.

6. Netzwerke von bestehenden Kontakten nutzen:

Bestehende Kontakte können oft als wertvolle Ressource dienen. Die Nutzung von Empfehlungen oder die Teilnahme an Veranstaltungen auf Einladung bestehender Kontakte erhöht die Wahrscheinlichkeit, qualitativ hochwertige neue Beziehungen aufzubauen. Dies zeigt nicht nur Wertschätzung gegenüber bestehenden Kontakten, sondern erweitert auch das Netzwerk auf organische Weise.

7. Aktives Follow-up:

Nach dem ersten Kontakt ist ein aktives Follow-up entscheidend. Eine freundliche E-Mail, ein Dankeschön für das Gespräch oder die Einladung zu weiteren Treffen signalisieren Interesse und Engagement. Dieses Follow-up sollte nicht nur kurzfristig erfolgen, sondern auch langfristig angelegt sein, um die Kontakte kontinuierlich zu pflegen.

8. Selbst als Ressource anbieten:

Networking sollte nicht als Einbahnstraße betrachtet werden. Das Angebot, selbst als Ressource zur Verfügung zu stehen, sei es durch die Bereitstellung von Fachkenntnissen, die Unterstützung bei Projekten oder die Vermittlung von Kontakten, stärkt die eigene Position im Netzwerk. Das Geben und Nehmen ist ein zentraler Aspekt erfolgreichen Networkings.

9. Geduld und Ausdauer:

Netzwerken ist oft ein langfristiger Prozess, und das Knüpfen neuer Beziehungen erfordert Geduld und Ausdauer. Nicht jeder Kontakt wird sofort Früchte tragen, aber mit kontinuierlicher Pflege können Beziehungen im Laufe der Zeit wertvoll werden. Ein beharrlicher und geduldiger Ansatz zahlt sich langfristig aus.

Fazit:

Die Bedeutung von Kontinuität im Netzwerken und die Integration von Networking als Lebensstil sind nicht zu unterschätzende Faktoren für nachhaltigen beruflichen Erfolg. Neue Kontakte zu knüpfen erfordert gezielte Strategien, aktive Teilnahme an Veranstaltungen und die Fähigkeit, freundlich und offen zu kommunizieren. Durch die bewusste Pflege und Erweiterung von Netzwerken können Selbstständige und Berufstätige langfristige berufliche Erfolge erzielen und gleichzeitig eine unterstützende Community aufbauen. Das Knüpfen neuer Kontakte wird so nicht nur zu einer Aufgabe, sondern zu einer Bereicherung des persönlichen und beruflichen Lebens.

Gemeinsam stark: Netzwerke für soziales Engagement

Die Bedeutung von Netzwerken erstreckt sich über den individuellen beruflichen Erfolg hinaus und findet eine erweiterte Dimension im sozialen Engagement. Dieses Kapitel widmet sich der facettenreichen Rolle von Netzwerken als Instrumente für gesellschaftliche Veränderungen. Dabei wird beleuchtet, wie soziale Netzwerke nicht nur auf digitalen Plattformen existieren, sondern auch eine entscheidende Rolle bei der Gestaltung und Umsetzung von sozialem Wandel spielen. Des Weiteren wird darauf eingegangen, wie Netzwerke im Kontext von Corporate Social Responsibility (CSR) Verwendung finden und welche essenzielle Rolle Frauen in sozialen Projekten spielen.

13.1 Netzwerke für gesellschaftliche Veränderungen

Soziale Netzwerke sind nicht nur virtuelle Verbindungen auf digitalen Plattformen; sie fungieren auch als entscheidende Instrumente bei der Realisierung von gesellschaftlichem Wandel. Die gemeinsame Ausrichtung von Menschen auf gemeinsame Ziele macht Netzwerke zu einer treibenden Kraft für soziale Veränderungen.

Die Kraft der kollektiven Stimme

Ein zentraler Aspekt sozialer Netzwerke liegt in der Ermöglichung, dass sich Einzelpersonen zu Gruppen zusammenschließen können, um gemeinsam eine kollektive Stimme zu erheben. Dies kann durch Petitionen, Proteste oder andere Aktivitäten geschehen, die darauf abzielen, soziale Missstände aufzudecken und anzuprangern. Die kollektive Stimme, die durch gut vernetzte Gruppen entsteht, kann eine erhebliche Wirkung auf politische Entscheidungsträger und gesellschaftliche Normen haben.

Teilhabe und Inklusion

Netzwerke schaffen Raum für Teilhabe und Inklusion, indem sie Menschen unterschiedlicher Hintergründe, Meinungen und Fähigkeiten miteinander verbinden. Die Vielfalt innerhalb von Netzwerken fördert den Dialog und die Zusammenarbeit für eine inklusivere Gesellschaft. Durch den Austausch von Ideen und Perspektiven können Netzwerke Brücken zwischen verschiedenen Teilen der Gesellschaft schlagen und so zu einer umfassenderen Teilnahme am gesellschaftlichen Diskurs beitragen.

Initiierung von Kampagnen

Soziale Netzwerke dienen als effektives Mittel, um Bewusstsein für bestimmte Themen zu schaffen und Kampagnen zu initiieren. Die Verbreitung von Informationen über Plattformen wie Twitter, Facebook und Instagram ermöglicht es, eine breite Öffentlichkeit zu erreichen und für soziale Anliegen zu sensibilisieren. Die virale Verbreitung von Inhalten kann dazu beitragen, dass soziale Themen in kürzester Zeit große Aufmerksamkeit erhalten und somit einen nachhaltigen Einfluss auf die öffentliche Meinungsbildung haben.

Gemeinschaftsorganisation

Lokale Netzwerke bilden oft die Basis für die Organisation von gemeinnützigen Aktivitäten und sozialen Projekten in Gemeinden. Durch die Zusammenarbeit auf lokaler Ebene können Menschen gezielt auf die Bedürfnisse ihrer Gemeinschaft eingehen und positive Veränderungen bewirken. Die Vernetzung innerhalb einer Gemeinschaft ermöglicht es, Ressourcen zu bündeln, gemeinsame Ziele zu setzen und die Lebensqualität vor Ort zu verbessern. Lokale Netzwerke können so als Katalysator für sozialen Wandel auf kleinerer, aber nicht weniger bedeutsamer Ebene dienen.

13.2 Corporate Social Responsibility (CSR) durch Netzwerken

Corporate Social Responsibility (CSR) bezeichnet die Verantwortung von Unternehmen gegenüber der Gesellschaft, die über die bloße Gewinnmaximierung hinausgeht. Netzwerke spielen eine bedeutende Rolle bei der Umsetzung von CSR-Maßnahmen, indem sie Unternehmen mit verschiedenen Interessengruppen verbinden und eine nachhaltige soziale Wirkung ermöglichen.

Stakeholder-Engagement

Netzwerke ermöglichen es Unternehmen, mit einer Vielzahl von Stakeholdern zu interagieren, darunter Kunden, Lieferanten, Mitarbeiter und die Gemeinschaften, in denen sie tätig sind. Durch die Integration von Stakeholdern in ihre Netzwerke können Unternehmen deren Bedenken und Anliegen besser verstehen und gezielter auf diese eingehen. Dies fördert eine transparente und verantwortungsbewusste Unternehmensführung.

Partnerschaften für soziale Projekte
Netzwerke bieten Unternehmen die Möglichkeit, Partnerschaften mit anderen Organisationen, gemeinnützigen Einrichtungen und Regierungsstellen einzugehen, um gemeinsam an sozialen Projekten zu arbeiten. Durch die Verbindung von Ressourcen und Fachkenntnissen können solche Netzwerk-basierten Partnerschaften einen größeren Einfluss auf soziale Herausforderungen haben, als es einzelnen Unternehmen allein möglich wäre.

Imagebildung und Markenwert
Die Teilnahme an sozialen Netzwerken und die Umsetzung von CSR-Maßnahmen können das Image eines Unternehmens erheblich beeinflussen. Ein Unternehmen, das sich aktiv in sozialen Projekten engagiert und transparent darüber kommuniziert, baut eine positive Reputation auf. Dies kann nicht nur das Vertrauen der Kunden stärken, sondern auch den Markenwert steigern.

Mitarbeiterengagement
Netzwerke fördern auch das Mitarbeiterengagement im Rahmen von CSR-Aktivitäten. Die Vernetzung der Belegschaft mit sozialen Projekten ermöglicht es den Mitarbeitern, einen direkten Beitrag zur Gemeinschaft zu leisten und sich mit den Werten ihres Arbeitgebers zu identifizieren. Unternehmen können durch die Einbindung ihrer Mitarbeiter in soziale Netzwerke eine positive Unternehmenskultur fördern.

13.3 Die Rolle von Frauen in sozialen Projekten
Die Beteiligung von Frauen an sozialen Projekten ist von entscheidender Bedeutung und trägt dazu bei, eine umfassendere und nachhaltigere Entwicklung in Gesellschaften weltweit zu fördern.

Empowerment von Frauen
Netzwerke bieten Frauen eine Plattform, um ihre Stimmen zu erheben

und sich für die Förderung von Frauenrechten und Gleichstellung einzusetzen. Durch die Vernetzung mit Gleichgesinnten und die Teilnahme an sozialen Projekten können Frauen ihre Empowerment-Reise vorantreiben und als Vorbilder für andere dienen.

Förderung von Bildung
Frauen spielen eine Schlüsselrolle bei der Förderung von Bildung in sozialen Projekten. Durch Netzwerke können Frauen Bildungsinitiativen unterstützen, Ressourcen bereitstellen und dazu beitragen, dass Mädchen und Frauen weltweit Zugang zu Bildungsmöglichkeiten erhalten. Die Vernetzung von Frauen in Bildungsnetzwerken ermöglicht den Austausch von Best Practices und die Entwicklung innovativer Ansätze zur Verbesserung der Bildungschancen.

Gesundheitsförderung
Die Teilnahme von Frauen an Netzwerken fördert auch die Gesundheitsprojekte in Gemeinschaften. Frauen spielen oft eine zentrale Rolle bei der Aufklärung über Gesundheitsfragen, der Bereitstellung von medizinischer Versorgung und der Förderung von gesunden Lebensgewohnheiten. Netzwerke bieten die Plattform für den Austausch von Gesundheitsinformationen und die Mobilisierung von Ressourcen für Gesundheitsinitiativen.

Gemeinschaftsorganisation
Frauen sind oft treibende Kräfte bei der Organisation und Umsetzung von sozialen Projekten auf Gemeindeebene. Durch lokale Netzwerke können Frauen gezielt Bedürfnisse identifizieren, Ressourcen mobilisieren und positive Veränderungen in ihren Gemeinschaften bewirken. Die Vernetzung von Frauen stärkt ihre Fähigkeit zur kollektiven Handlung und fördert nachhaltige Entwicklungsmaßnahmen.

Fazit:
Die Bedeutung von Netzwerken für gesellschaftliche Veränderungen, Corporate Social Responsibility und die Rolle von Frauen in sozialen Projekten zeigt, dass Netzwerke weit mehr sind als nur Mechanismen für individuellen beruflichen Erfolg. Sie sind Instrumente des sozialen Wandels, die das Potenzial haben, positive Auswirkungen auf Gemeinschaften, Unternehmen und die Welt als Ganzes zu haben. Indem Menschen sich vernetzen und kooperieren, können sie eine gemeinsame

Stimme formen, Initiativen für sozialen Wandel starten und nachhaltige Entwicklungen fördern. Netzwerke sind somit nicht nur Mittel zum Zweck, sondern eine grundlegende Kraft für eine inklusivere, nachhaltigere und sozial verantwortliche Gesellschaft.

Beispiele für Netzwerke für gesellschaftliche Veränderungen:
Netzwerke für gesellschaftliche Veränderungen haben in der jüngeren Vergangenheit eine entscheidende Rolle bei der Mobilisierung von Menschen und der Initiierung von Diskussionen über wichtige gesellschaftliche Themen gespielt. Ein bemerkenswertes Beispiel hierfür ist die #MeToo-Bewegung, die als soziale Netzwerkkampagne begann. Menschen auf der ganzen Welt teilten über soziale Medien ihre Erfahrungen mit sexueller Belästigung und Missbrauch. Das entstehende Netzwerk, gestärkt durch gemeinsame Geschichten und den Einsatz von Hashtags, führte zu einer breiten gesellschaftlichen Debatte über Geschlechterungleichheit.

Ein weiteres bedeutendes Beispiel ist die Black Lives Matter (BLM)-Bewegung, die intensiv auf soziale Netzwerke zurückgreift, um auf systemischen Rassismus und Polizeigewalt aufmerksam zu machen. Die Verbreitung von Informationen durch Hashtags, Livestreams und Aktionsaufrufe führte zu weltweiten Protesten und einem verstärkten Bewusstsein für die Notwendigkeit, gegen Rassismus vorzugehen. Die Kraft der sozialen Netzwerke ermöglichte es BLM, eine breite und diverse Unterstützung zu mobilisieren.

Ein weiteres herausragendes Beispiel für Netzwerke, die gesellschaftliche Veränderungen vorantreiben, ist die Fridays-for-Future-Bewegung. Diese wurde von der schwedischen Aktivistin Greta Thunberg ins Leben gerufen und nutzt soziale Netzwerke, um Menschen weltweit für den Klimawandel zu sensibilisieren. Durch den Aufruf zu Streiks und Demonstrationen auf globaler Ebene mobilisiert das Netzwerk insbesondere junge Menschen, um sich aktiv für Umweltschutzmaßnahmen einzusetzen.

Neben globalen Bewegungen spielen auch lokale Gemeinschaftsnetzwerke eine bedeutende Rolle bei der Initiierung von gesellschaftlichen Veränderungen. Auf lokaler Ebene organisieren sich oft Gruppen, um spezifische Bedürfnisse ihrer Gemeinschaft anzugehen. Dies kann die Unterstützung bedürftiger Familien, die Förderung von Bildungsprojekten oder die Schaffung von grünen Räumen in urbanen Gebieten umfassen. Diese Netzwerke sind flexibel und können sich an die einzigartigen Herausforderungen und Bedürfnisse ihrer Gemeinschaften anpassen.

Die vorgestellten Beispiele verdeutlichen, dass Netzwerke eine mächtige Plattform für soziales Engagement darstellen. Sie haben das Potenzial, gesellschaftliche Veränderungen voranzutreiben und eine breite Unterstützung für wichtige Anliegen zu mobilisieren. Die Fähigkeit, Informationen schnell zu verbreiten, Menschen weltweit zu vernetzen und Diskussionen anzustoßen, macht soziale Netzwerke zu einem wirksamen Werkzeug für Aktivisten und Bürger, die Veränderungen in der Gesellschaft bewirken wollen.

Die #MeToo-Bewegung hat gezeigt, wie die Kraft von persönlichen Geschichten, geteilt über Plattformen wie Twitter und Facebook, eine Lawine von Enthüllungen und öffentlichen Diskussionen auslösen kann. Indem Menschen ihre Erfahrungen mit sexueller Belästigung teilten und den Hashtag #MeToo verwendeten, wurde eine Solidarität sichtbar, die über geografische, kulturelle und soziale Grenzen hinweg reichte. Dies führte zu einer breiten gesellschaftlichen Debatte über die Prävalenz von sexueller Belästigung, die oft im Verborgenen bleibt.

Ebenso hat die Black Lives Matter-Bewegung die Macht von sozialen Netzwerken genutzt, um auf systemischen Rassismus und die Notwendigkeit von Veränderungen im Umgang mit Polizeigewalt hinzuweisen. Hashtags wie #BlackLivesMatter wurden zu Symbolen des Protests und der Solidarität. Livestreams von Protestaktionen und die Verbreitung von Informationen über Plattformen wie Instagram und Twitter haben die Bewegung international bekannt gemacht und zu einer globalen Unterstützungsbewegung geführt.

Die Fridays-for-Future-Bewegung zeigt, wie soziale Netzwerke genutzt werden können, um eine Bewegung für den Umweltschutz zu schaffen. Die Initiatorin, Greta Thunberg, begann mit einem Ein-Personen-Protest vor dem schwedischen Parlament und nutzte dann soziale Medien, um ihre Botschaft zu verbreiten und Gleichgesinnte zu mobilisieren. Das Netzwerk wuchs schnell, und durch die Organisation von Streiks und Demonstrationen auf der ganzen Welt traten Menschen aller Altersgruppen und Hintergründe aktiv für den Klimawandel ein.

Lokale Gemeinschaftsnetzwerke wiederum können eine entscheidende Rolle dabei spielen, spezifische lokale Herausforderungen anzugehen. Ob es darum geht, bedürftige Familien zu unterstützen, Bildungsprojekte zu fördern oder grüne Räume in städtischen Gebieten zu schaffen, die Flexibilität und Anpassungsfähigkeit dieser Netzwerke ermöglichen es, gezielt auf die Bedürfnisse der Gemeinschaft einzugehen. Die Stärkung der lokalen Gemeinschaften trägt dazu bei, ein Gefühl der Zusammengehörigkeit und Unterstützung zu schaffen.

Die Beispiele verdeutlichen, dass soziale Netzwerke nicht nur als Plattformen für den Austausch von Informationen dienen, sondern auch als Katalysatoren für gesellschaftliche Veränderungen fungieren können. Die Macht der Vernetzung ermöglicht es, Menschen weltweit zu mobilisieren, Bewusstsein zu schaffen und Diskussionen über wichtige Themen anzuregen. Die Dynamik dieser Netzwerke liegt in ihrer Fähigkeit, die Stimmen vieler zu bündeln und so eine kraftvolle Bewegung zu formen.

Es ist jedoch wichtig zu betonen, dass der Einfluss von sozialen Netzwerken nicht ohne Herausforderungen ist. Die Verbreitung von Fehlinformationen, die Manipulation durch externe Akteure und die potenzielle Gefahr der Polarisierung sind einige der damit verbundenen Risiken. Es ist entscheidend, kritisch über die Informationen nachzudenken, die in sozialen Netzwerken geteilt werden, und Mechanismen zu entwickeln, um die Integrität dieser Plattformen zu schützen.

Insgesamt verdeutlichen die genannten Beispiele jedoch die transformative Kraft von Netzwerken für gesellschaftliche Veränderungen. Die Fähigkeit, Menschen zu mobilisieren, Bewusstsein zu schaffen und Diskussionen anzustoßen, macht soziale Netzwerke zu einem unverzichtbaren Instrument für Aktivisten, Bürger und Gruppen, die eine positive Veränderung in der Gesellschaft herbeiführen möchten. Es bleibt zu beobachten, wie sich diese Netzwerke in Zukunft entwickeln und welche Rolle sie in der Gestaltung unserer globalen sozialen Landschaft spielen werden.

13.2 Corporate Social Responsibility (CSR) durch Netzwerken

Unternehmen stehen heute vor der Herausforderung, nicht nur wirtschaftlichen Erfolg zu erzielen, sondern auch soziale und ökologische Verantwortung zu übernehmen. Diese Entwicklung wird durch den wachsenden Einfluss der Corporate Social Responsibility (CSR) geprägt, die Unternehmen dazu ermutigt, über ihre traditionellen Geschäftsziele hinauszublicken und aktiv an der Lösung gesellschaftlicher und ökologischer Herausforderungen teilzunehmen. Im Zentrum dieser Entwicklung steht die Erkenntnis, dass Netzwerken ein entscheidendes Element für die erfolgreiche Umsetzung von CSR ist. Durch den Aufbau und die Pflege von Netzwerken können Unternehmen eine breitere Basis für soziale Innovation schaffen und mit verschiedenen Interessengruppen kooperieren, um positive Veränderungen herbeizuführen.

Ein bedeutsamer Aspekt der Netzwerkbildung im Kontext von CSR liegt in der Zusammenarbeit mit Nichtregierungsorganisationen (NGOs) und gemeinnützigen Organisationen. Der Dialog und die Partnerschaft mit diesen Akteuren ermöglichen es Unternehmen, ihre CSR-Bemühungen zu verstärken und eine nachhaltige soziale Wirkung zu erzielen. Durch gemeinsame Projekte, finanzielle Unterstützung und strategische Partnerschaften können Unternehmen und NGOs ihre jeweiligen Stärken kombinieren, um wirkungsvolle Lösungen für gesellschaftliche Probleme zu entwickeln. Dieser kooperative Ansatz eröffnet nicht nur neue Wege zur Bewältigung sozialer Herausforderungen, sondern stärkt auch das Vertrauen der Öffentlichkeit in die Bemühungen der Unternehmen, positiven Einfluss auf die Gesellschaft zu nehmen.

Die Beteiligung an Brancheninitiativen ist ein weiteres Schlüsselelement der Netzwerkbildung im Rahmen von CSR. Unternehmen können durch die Zusammenarbeit in branchenweiten Netzwerken und Initiativen gemeinsam an sozialen und Umweltproblemen arbeiten. Dieser koordinierte Ansatz ermöglicht es, Ressourcen zu bündeln und branchenweite Veränderungen zu fördern. Die Teilnahme an Branchenverbänden oder gemeinsamen CSR-Initiativen eröffnet Unternehmen die Möglichkeit, ihre Anstrengungen zu verstärken und in enger Abstimmung mit anderen Akteuren auf die Herausforderungen ihrer Branche zu reagieren. Durch die gemeinsame Entwicklung von Standards und Best Practices können Unternehmen in einem Netzwerk voneinander lernen und so dazu beitragen, die gesamte Branche nachhaltiger und sozial verantwortlicher zu gestalten.

Ein bedeutendes Ziel von CSR ist es, positive Auswirkungen nicht nur innerhalb der Unternehmensgrenzen zu erzielen, sondern auch auf die Kundenbindung abzuzielen. In diesem Zusammenhang spielt Netzwerken eine entscheidende Rolle, indem es Unternehmen ermöglicht, direkt mit ihren Kunden in Verbindung zu treten und eine tiefere Beziehung zu schaffen. Kunden werden zunehmend ethisch bewusst und bevorzugen Unternehmen, die sich für soziale und umweltfreundliche Praktiken engagieren. Durch transparente Kommunikation über CSR-Initiativen können Unternehmen nicht nur das Bewusstsein für ihre sozialen Anstrengungen schärfen, sondern auch das Vertrauen der Kunden stärken. Netzwerken im Kontext von CSR kann somit als Instrument zur Kundenbindung dienen, indem es eine emotionale Verbindung zwischen dem Unternehmen und seinen Kunden herstellt. Kunden, die sich mit den Werten und Initiativen eines Unternehmens identifizieren, sind eher geneigt, langfristige Loyalität zu entwickeln und positive Mundpropaganda zu betreiben.

Die Integration von CSR in Netzwerke eröffnet auch die Möglichkeit, den Dialog mit anderen Unternehmen zu suchen und gemeinsam an innovativen Lösungen zu arbeiten. Durch den Austausch von Ideen und Erfahrungen können Unternehmen voneinander lernen und ihre CSR-Strategien kontinuierlich verbessern. Dieser offene Dialog innerhalb von Netzwerken ermöglicht es Unternehmen, ihre Best Practices zu teilen, gemeinsam Herausforderungen anzugehen und den Gesamteinfluss von CSR zu maximieren.

Ein weiterer entscheidender Aspekt der Netzwerkbildung im Kontext von CSR ist die Zusammenarbeit mit Regierungsbehörden. Eine enge Zusammenarbeit zwischen Unternehmen und Regierungsinstitutionen kann dazu beitragen, effektive und nachhaltige Lösungen für gesellschaftliche Herausforderungen zu entwickeln. Unternehmen können durch Netzwerken Einfluss auf politische Entscheidungen nehmen und aktiv an der Gestaltung von Gesetzen und Regulierungen teilnehmen, die ihre Branche betreffen. Diese Zusammenarbeit schafft nicht nur eine Win-Win-Situation für Unternehmen und die Gesellschaft, sondern trägt auch dazu bei, eine umfassende und nachhaltige Veränderung herbeizuführen.

　　　　Netzwerke weben – Erfolg ernten

Es ist jedoch wichtig zu betonen, dass die erfolgreiche Umsetzung von CSR durch Netzwerken nicht ohne Herausforderungen ist. Unternehmen müssen sicherstellen, dass ihre Partnerschaften und Netzwerke auf gegenseitigem Respekt, Transparenz und gemeinsamen Werten basieren. Zudem ist es wichtig, die tatsächlichen Auswirkungen von CSR-Maßnahmen zu messen und sicherzustellen, dass die gewünschten positiven Veränderungen tatsächlich eintreten.

Insgesamt zeigt die Integration von CSR in Netzwerke die zunehmende Verantwortung der Unternehmen für soziale und Umweltfragen. Netzwerken eröffnet Unternehmen die Möglichkeit, ihre CSR-Bemühungen zu verstärken, effektive Partnerschaften einzugehen und positive soziale Auswirkungen zu erzielen. CSR wird somit nicht nur als isolierte Unternehmenspraxis betrachtet, sondern als integraler Bestandteil eines breiteren Netzwerks von Akteuren, die gemeinsam an einer nachhaltigen und verantwortungsbewussten Zukunft arbeiten. Es bleibt zu hoffen, dass diese integrative Herangehensweise an CSR dazu beiträgt, eine umfassende Transformation in der Unternehmenskultur und in der Gesellschaft insgesamt herbeizuführen.

Erfolgreiche Beispiele für CSR durch Netzwerken:
Patagonia, das sich einen Namen durch sein tiefgreifendes Engagement für Umweltschutz und soziale Verantwortung gemacht hat, stellt ein inspirierendes Beispiel für die Integration von CSR in die Unternehmenskultur dar. Das Unternehmen hat nicht nur klare Verpflichtungen zum Umweltschutz übernommen, sondern auch effektive Partnerschaften mit Umweltorganisationen geschmiedet. Diese Zusammenarbeit erstreckt sich über verschiedene Ebenen, von der finanziellen Unterstützung bis hin zur gemeinsamen Planung und Umsetzung von Umweltprojekten. Die transparente Kommunikation von Patagonia über seine CSR-Bemühungen stärkt nicht nur das Vertrauen der Verbraucher, sondern schafft auch ein Netzwerk von Unterstützern, die die Werte des Unternehmens teilen. Darüber hinaus hat Patagonia seine Innovationskraft genutzt, um umweltfreundliche Produkte einzuführen, wodurch das Unternehmen nicht nur seine eigene Umweltauswirkung minimiert, sondern auch einen positiven Einfluss auf die gesamte Branche ausübt.

Microsoft Philanthropies ist ein weiteres Beispiel für ein Unternehmen, das sich intensiv für soziale Projekte einsetzt und dabei auf Netzwerke setzt, um eine breite Wirkung zu erzielen. Die Philanthropieabteilung von

Microsoft hat sich nicht nur auf finanzielle Unterstützung beschränkt, sondern ist auch aktiv in Netzwerken mit Bildungsorganisationen, Regierungen und Nichtregierungsorganisationen (NGOs) engagiert. Diese vielfältigen Partnerschaften ermöglichen es Microsoft, den Zugang zu Bildung und Technologie weltweit zu fördern. Das Unternehmen setzt nicht nur auf isolierte Wohltätigkeitsaktionen, sondern strebt durch strategisches Netzwerken eine ganzheitliche und langfristige Veränderung an. Die Zusammenarbeit mit verschiedenen Akteuren in diesem Netzwerk ermöglicht Microsoft, innovative Lösungen zu entwickeln und die Reichweite seiner sozialen Initiativen zu maximieren.

Unilever's Sustainable Living Plan ist ein herausragendes Beispiel für eine langfristig angelegte CSR-Initiative, die auf umfassendem Netzwerken basiert. Unilever hat erkannt, dass nachhaltige Geschäftspraktiken am effektivsten durch die Zusammenarbeit mit Lieferanten, Partnern und NGOs umgesetzt werden können. Das Unternehmen strebt nicht nur an, seine eigenen Geschäftsprozesse nachhaltiger zu gestalten, sondern nutzt auch sein Netzwerk, um positive soziale und ökologische Veränderungen in der gesamten Wertschöpfungskette zu bewirken. Die Partnerschaften mit Lieferanten ermöglichen es Unilever, nachhaltige Beschaffungspraktiken zu fördern, während die Zusammenarbeit mit NGOs und Partnern zu gemeinsamen Initiativen führt, die über die Unternehmensgrenzen hinausgehen. Durch diese vernetzte Herangehensweise setzt Unilever nicht nur auf kurzfristige Erfolge, sondern strebt eine tiefgreifende Transformation in Richtung nachhaltigen Wirtschaftens an.

Diese Beispiele verdeutlichen, dass Unternehmen durch effektives Netzwerken ihre CSR-Bemühungen verstärken und eine größere positive Wirkung erzielen können. Die Schaffung von Partnerschaften über verschiedene Interessengruppen hinweg ermöglicht es Unternehmen, ihre Ressourcen zu bündeln, innovative Lösungen zu entwickeln und eine nachhaltige Veränderung in ihren jeweiligen Sektoren zu fördern. Diese Netzwerke sind nicht nur auf finanzielle Unterstützung beschränkt, sondern fördern auch den Austausch von Know-how und die Zusammenarbeit in gemeinsamen Projekten. Unternehmen, die sich in dieser Weise vernetzen, gehen über die traditionelle CSR hinaus und tragen dazu bei, eine umfassendere Veränderung in Richtung sozialer und ökologischer Verantwortung in der Geschäftswelt herbeizuführen.

13.3 Frauenpower für soziale Projekte

Frauen spielen zweifellos eine zentrale und transformative Rolle im sozialen Engagement, und ihr Einsatz in Netzwerken innerhalb sozialer Projekte ist von überragender Bedeutung. Es zeigt sich, dass Frauen oft eine starke Gemeinschaft bilden, die auf Prinzipien wie Solidarität, Empathie und gemeinsamen Zielen basiert, und dadurch maßgeblich zu positiven Veränderungen in der Gesellschaft beitragen.

Ein entscheidender Aspekt des Netzwerkeinsatzes von Frauen liegt in der Förderung von Frauen in Führungspositionen. Durch Netzwerke erhalten Frauen die Möglichkeit, sich gegenseitig zu unterstützen, zu ermutigen und in Führungspositionen aufzusteigen. Frauen, die in sozialen Projekten in leitenden Funktionen tätig sind, fungieren als Vorbilder und können eine inspirierende Wirkung auf andere Frauen haben. Dieser Austausch von Erfahrungen und Unterstützung innerhalb des Netzwerks trägt dazu bei, Hindernisse zu überwinden und den Weg für mehr Frauen in führenden Rollen zu ebnen. Die Förderung von Frauen in Führungspositionen innerhalb sozialer Projekte stärkt nicht nur die individuellen Frauen, sondern beeinflusst auch positiv die Dynamik und Effektivität der gesamten sozialen Bewegung.

Ein weiterer bedeutsamer Aspekt ist das Empowerment durch den Wissensaustausch. Frauen nutzen Netzwerke, um ihr Wissen zu teilen, Ressourcen auszutauschen und voneinander zu lernen. Der Wissensaustausch ermöglicht es, effektivere Strategien für soziales Engagement zu entwickeln und von den Erfahrungen anderer zu profitieren. Dieser Austausch trägt nicht nur zur Weiterentwicklung der individuellen Fähigkeiten bei, sondern stärkt auch die gesamte Netzwerkstruktur. Frauen, die ihr Wissen teilen und voneinander lernen, schaffen eine Atmosphäre der Kollegialität und unterstützen damit den kontinuierlichen Fortschritt innerhalb sozialer Projekte.

Ein weiterer wichtiger Aspekt ist die Gemeinschaftsbildung innerhalb der Netzwerke von Frauen in sozialen Projekten. Diese Netzwerke fördern die Bildung von starken Gemeinschaften, in denen Unterstützung und Solidarität im Mittelpunkt stehen. Frauen fühlen sich ermutigt, sich gemeinsam für soziale Gerechtigkeit und positive Veränderungen einzusetzen. Diese Gemeinschaftsbildung geht über rein berufliche oder projektbezogene Interaktionen hinaus und schafft eine Grundlage für langfristige Beziehungen. Frauen, die sich in einem solchen Netzwerk engagieren, können aufeinander zählen, sich gegenseitig unterstützen und gemeinsam die Herausforderungen angehen, die mit sozialem Engagement verbunden sind.

Es ist auch wichtig anzumerken, dass Frauen in Netzwerken oft eine breitere Palette von Perspektiven und Herangehensweisen einbringen. Die Vielfalt der Erfahrungen und Hintergründe innerhalb dieser Netzwerke stärkt die Gesamtleistung und Innovationsfähigkeit. Dieser integrative Ansatz ermöglicht es den Frauen, in ihren sozialen Projekten ganzheitliche Lösungen zu entwickeln, die die unterschiedlichen Bedürfnisse und Herausforderungen ihrer Zielgruppen berücksichtigen.

Insgesamt verdeutlicht die Teilnahme von Frauen an Netzwerken innerhalb sozialer Projekte nicht nur ihre individuelle Bedeutung, sondern auch die kollektive Kraft, die durch Solidarität, Wissensaustausch und Gemeinschaftsbildung entsteht. Frauen gestalten somit nicht nur ihre eigene Rolle im sozialen Engagement, sondern prägen auch maßgeblich die Dynamik und den Erfolg sozialer Projekte im Allgemeinen. Es bleibt zu hoffen, dass die Anerkennung und Förderung dieser Netzwerke dazu beiträgt, eine inklusivere und wirkungsvollere soziale Veränderung voranzutreiben.

Frauennetzwerke in verschiedenen sozialen Kontexten:
Frauennetzwerke manifestieren sich in vielfältigen sozialen Kontexten, und ihre Bedeutung erstreckt sich über verschiedene Sektoren. Im Bildungsbereich spielen diese Netzwerke eine entscheidende Rolle bei der Förderung von Chancengleichheit und dem Zugang zu Bildung. Frauen, die im Bildungsbereich aktiv sind, vernetzen sich, um innovative Lösungen zu entwickeln, insbesondere für Mädchen und Frauen in benachteiligten Gemeinschaften. Diese Netzwerke setzen sich nicht nur für die Schaffung von Bildungsprojekten ein, sondern organisieren auch Schulungen, um Lehrmethoden zu verbessern und Bildungschancen zu maximieren. Darüber hinaus setzen sie sich aktiv für die Stärkung von Frauen durch Bildung ein, indem sie Programme entwickeln, die nicht nur Wissen vermitteln, sondern auch Fähigkeiten und Selbstbewusstsein fördern.

Im Gesundheitswesen fungieren Frauennetzwerke als Advocates für den Zugang zu qualitativ hochwertiger Gesundheitsversorgung und die

   Netzwerke weben - Erfolg ernten

Förderung von Präventionsmaßnahmen. Diese Netzwerke spielen eine entscheidende Rolle dabei, auf geschlechtsspezifische Gesundheitsfragen aufmerksam zu machen und den Dialog darüber zu fördern. Frauen im Gesundheitswesen vernetzen sich, um innovative Ansätze für die Gesundheitsfürsorge zu entwickeln, die die spezifischen Bedürfnisse von Frauen berücksichtigen. Darüber hinaus können diese Netzwerke Plattformen für den Austausch von bewährten Praktiken, Forschungsergebnissen und Ressourcen bieten, um die Qualität der Gesundheitsversorgung für Frauen weltweit zu verbessern.

Im sozialen Unternehmertum sind Frauennetzwerke von entscheidender Bedeutung für die Förderung von nachhaltigen Lösungen für soziale Herausforderungen. Frauen, die sich im sozialen Unternehmertum engagieren, vernetzen sich, um gemeinsam soziale Unternehmen zu gründen und innovative Modelle für soziale Veränderungen zu entwickeln. Diese Netzwerke bieten eine unterstützende Umgebung, in der Frauen Zugang zu Mentoring, Finanzierung und Ressourcenaustausch haben. Dies trägt dazu bei, nicht nur unternehmerische Fähigkeiten zu stärken, sondern auch den Einfluss von sozialen Unternehmen zu maximieren, um nachhaltige und transformative Veränderungen in Gemeinschaften auf der ganzen Welt zu bewirken.

Insgesamt verdeutlichen Frauennetzwerke in verschiedenen sozialen Kontexten die Vielseitigkeit und die transformative Kraft dieser Netzwerke. Sie gehen über bloße Zusammenkünfte hinaus und spielen eine aktive Rolle bei der Gestaltung von Politiken, Programmen und Initiativen, die das Leben von Frauen verbessern und positive Veränderungen in der Gesellschaft bewirken. Durch den Austausch von Wissen, die Förderung von Bildung und den Einsatz für geschlechtsspezifische Gesundheitsfragen tragen diese Netzwerke dazu bei, eine inklusivere und gerechtere Welt zu schaffen, in der Frauen eine entscheidende Rolle bei sozialen Innovationen und positiven Veränderungen spielen.
Die Kraft von Frauennetzwerken in sozialen Projekten liegt in der kollektiven Stärke, dem Empowerment und der Fähigkeit, nachhaltige Veränderungen in verschiedenen gesellschaftlichen Bereichen herbeizuführen.

Fazit:
Das Kapitel "Gemeinsam stark: Netzwerke für soziales Engagement"

verdeutlicht die transformative Kraft von Netzwerken im Kontext des sozialen Engagements. Ob bei gesellschaftlichen Veränderungen, der Umsetzung von Corporate Social Responsibility oder der Förderung sozialer Projekte durch Frauen – Netzwerke dienen als Katalysator für positive Veränderungen. Sie ermöglichen die Mobilisierung von Ressourcen, den Austausch von Ideen und die Bildung von starken Gemeinschaften, die sich für eine bessere Welt einsetzen. In der gemeinsamen Stärke von Netzwerken liegt das Potenzial, soziale Herausforderungen anzugehen und eine nachhaltige, inklusive Zukunft zu gestalten.

Die Kunst des Gebens und Nehmens im Netzwerk

Netzwerken ist mehr als nur das Knüpfen von Kontakten; es ist eine gegenseitige Beziehung, die auf der Kunst des Gebens und Nehmens beruht. In diesem Kapitel werden wir die reciproke Natur von Netzwerken erkunden, herausfinden, wie man Netzwerke effektiv für gegenseitige Unterstützung nutzt, und anhand von Fallbeispielen erfolgreicher Netzwerkinteraktionen die Prinzipien der gebenden und nehmenden Hand beleuchten.

14.1 Geben, um zu empfangen: Die reciproke Natur von Netzwerken

Die Essenz erfolgreicher Netzwerke liegt in der gegenseitigen Natur dieser Beziehungen, und die Grundidee, dass Geben und Nehmen Hand in Hand gehen, bildet das unersetzliche Rückgrat für nachhaltige und bedeutungsvolle Netzwerke.

Geben als Investition stellt eine zentrale Säule dieser Dynamik dar. Wenn wir aktiv in einem Netzwerk geben, investieren wir nicht nur Zeit, Ressourcen oder unser Wissen, sondern auch in die Grundlage der Beziehung selbst. Dieses Geben schafft einen Mehrwert, der weit über den Moment hinausreicht und langfristige Verbindungen stärkt. Die geschaffene Atmosphäre des Vertrauens und der Zusammenarbeit wirkt wie ein Kitt, der die Netzwerkpartner miteinander verbindet und dazu beiträgt, eine kohäsive und unterstützende Gemeinschaft aufzubauen.

Die Kraft des Gebens als Weg zum Empfangen ist eine weiterführende Erkenntnis im Netzwerken. Indem wir großzügig unsere Ressourcen teilen, Erfahrungen mit anderen teilen oder unsere Hilfe anbieten, eröffnen wir die Tür für Empfangen. Menschen, die aktiv in Netzwerken engagiert sind, erleben oft, dass ihre Bereitschaft zu geben eine positive Resonanz und eine erhöhte Bereitschaft ihrer Netzwerkpartner, ebenfalls zu geben, hervorruft. Diese wechselseitige Dynamik verstärkt nicht nur die Verbindungen, sondern fördert auch eine Kultur des Gebens und Empfangens, die das Netzwerk als Ganzes stärkt.

Authentizität im Geben ist ein kritischer Faktor, der über oberflächliche Beziehungen hinausgeht. Authentisches Geben basiert auf dem aufrichtigen Wunsch, anderen zu helfen und einen positiven Beitrag zu leisten. Netzwerkpartner erkennen Authentizität, und das echte Geben wird oft positiver und nachhaltiger aufgenommen. In einer Welt, in der Echtheit eine wachsende Bedeutung hat, wird authentisches Geben zu einem Schlüsselaspekt, der das Vertrauen und die Bindungen innerhalb des Netzwerks vertieft.

Das Prinzip des "Pay It Forward" spielt eine transformative Rolle im Netzwerken. Das Konzept, Empfangenes weiterzugeben, ohne unmittelbar eine Gegenleistung zu erwarten, schafft eine kulturelle Dynamik im Netzwerk. Indem wir bereit sind, ohne unmittelbare Erwartungen zu geben, setzen wir den Grundstein für eine Kultur des Vertrauens und der Großzügigkeit. Dies wiederum hat positive Auswirkungen auf das gesamte Netzwerk, da die Mitglieder dazu ermutigt werden, ihrerseits großzügig zu sein. Das "Pay It Forward"-Prinzip schafft somit einen Kreislauf des Gebens und Empfangens, der das Netzwerk nachhaltig prägt und stärkt.

Zusammengefasst verdeutlicht die Reflexion über die reciproken Natur von Geben und Nehmen, wie diese Grundsätze die Basis für erfolgreiche Netzwerke bilden. Durch authentisches Geben, das als Investition betrachtet wird, die Kraft des Gebens als Weg zum Empfangen und das Prinzip des "Pay It Forward" entsteht eine kohäsive Netzwerkdynamik, die nicht nur auf individueller Ebene wirkt, sondern auch das gesamte Netzwerk in eine nachhaltige und unterstützende Gemeinschaft verwandelt.

14.2 Wie man Netzwerke effektiv für gegenseitige Unterstützung nutzt

Die effektive Nutzung von Netzwerken für gegenseitige Unterstützung erfordert eine durchdachte Strategie, klare Kommunikation und die Fähigkeit, Bedürfnisse zu verstehen und darauf zu reagieren. Dabei sind mehrere Schlüsselelemente zu berücksichtigen, die die Grundlage für eine erfolgreiche Netzwerkdynamik bilden.

Der Aufbau von Vertrauen spielt eine fundamentale Rolle. Vertrauen bildet das feste Fundament jeder Netzwerkbeziehung. Indem man konsequent sein Wort hält, zuverlässig ist und transparente Kommunikation pflegt, entsteht ein Vertrauensverhältnis. Menschen sind eher geneigt, in Netzwerken zu unterstützen, wenn sie Vertrauen in die Integrität und Zuverlässigkeit ihrer Netzwerkpartner haben. Dies erfordert kontinuierliche Bemühungen, Verbindlichkeiten einzuhalten und eine Atmosphäre des Vertrauens zu schaffen, die die Bereitschaft zur Unterstützung fördert.

Ein weiterer Schlüsselaspekt für gegenseitige Unterstützung ist die klare Kommunikation der eigenen Bedürfnisse. Die Fähigkeit, die eigenen Bedürfnisse zu identifizieren und sie klar und präzise zu kommunizieren, ist entscheidend. Netzwerkpartner können nur dann effektiv helfen, wenn sie verstehen, welche Art von Unterstützung benötigt wird. Dies erfordert nicht nur Selbstreflexion, sondern auch die Fähigkeit, Bedürfnisse klar zu artikulieren, um eine effiziente Reaktion im Netzwerk zu ermöglichen.

Gezielte Netzwerkaktivitäten spielen eine weitere wichtige Rolle. Der Aufbau von Netzwerken sollte nicht dem Zufall überlassen werden. Durch gezielte Netzwerkaktivitäten, wie die Teilnahme an spezifischen Veranstaltungen, die Nutzung von Branchenplattformen oder die gezielte Suche nach Mentoren, kann die Wahrscheinlichkeit gegenseitiger Unterstützung erheblich gesteigert werden. Die bewusste Gestaltung von Netzwerkevents und die Auswahl von Netzwerkpartnern, die die individuellen Bedürfnisse unterstützen können, sind dabei entscheidend.

Mentoring fungiert als mächtiges Instrument der gegenseitigen Unterstützung im Netzwerken. Erfahrene Personen, die als Mentoren agieren, können nicht nur wertvolle Ratschläge und Anleitung bieten, sondern profitieren oft auch von neuen Perspektiven und frischen Ideen durch ihre Mentees. Diese dynamische Beziehung fördert nicht nur das Wachstum des Mentees, sondern auch den Austausch von Wissen und Erfahrungen auf beiden Seiten.

Die Einbindung in Netzwerkressourcen ist ein weiterer Schlüsselaspekt. Netzwerke bieten oft eine Fülle von Ressourcen, sei es in Form von Wissen, Kontakten oder praktischer Unterstützung. Durch die bewusste Einbindung in diese Netzwerkressourcen können individuelle Bedürfnisse effektiv gedeckt werden, was zu einer gegenseitigen Stärkung und Unterstützung führt.

Abschließend spielt das Geben von Wertschätzung eine entscheidende Rolle. Das Zeigen von Dankbarkeit für erhaltene Unterstützung stärkt die Netzwerkbeziehungen. Einfache Gesten wie ein aufrichtiges Dankeschön, die Anerkennung von Beiträgen oder das Teilen von Erfolgen tragen dazu bei, eine positive und unterstützende Netzwerkkultur zu fördern. Durch diese Wertschätzung entsteht eine wechselseitige Anerkennung, die die Bereitschaft zur gegenseitigen Unterstützung weiter stärkt und das Netzwerk als Ganzes in eine kooperative und wohlwollende Gemeinschaft verwandelt.

Fazit:

Die Kunst des Gebens und Nehmens im Netzwerk ist entscheidend für nachhaltige und erfolgreiche Beziehungen. Die reciproke Natur von Netzwerken betont, dass Geben und Empfangen untrennbar miteinander verbunden sind. Effektive Nutzung von Netzwerken für gegenseitige Unterstützung erfordert Authentizität, klare Kommunikation und gezielte Netzwerkaktivitäten. Durch Mentoring, die Einbindung in Netzwerkressourcen und das Zeigen von Wertschätzung können individuelle und kollektive Ziele erreicht werden. Fallbeispiele erfolgreicher Netzwerkinteraktionen verdeutlichen, wie die Prinzipien der gebenden und nehmenden Hand zu einer florierenden und unterstützenden Netzwerkkultur beitragen können. In der Kunst des Gebens und Nehmens im Netzwerk liegt das Potenzial, nicht nur beruflichen Erfolg, sondern auch persönliche Entwicklung und gemeinsame Prosperität zu fördern.

Netzwerke und Work-Life-Balance

Die Verbindung zwischen beruflichem Erfolg und persönlichem Wohlbefinden ist ein zentraler Aspekt für ein erfülltes Leben. Netzwerken, während es die beruflichen Perspektiven erweitert, kann auch eine Herausforderung für die Work-Life-Balance darstellen. In diesem Kapitel werden wir die Balance zwischen beruflichem Erfolg und persönlichem Wohlbefinden erkunden, Tipps für eine gesunde Balance beim Netzwerken bieten und die Bedeutung von Selbstfürsorge im Kontext beruflicher Netzwerke hervorheben.

15.1 Die Balance zwischen beruflichem Erfolg und persönlichem Wohlbefinden

Die Balance zwischen beruflichem Erfolg und persönlichem Wohlbefinden ist zweifellos ein zentrales Anliegen in der heutigen geschäftigen Welt, das jedoch oft vernachlässigt wird. Der Prozess des Netzwerkens, während er das berufliche Fortkommen fördern kann, birgt gleichzeitig das Risiko, persönliche Grenzen zu überschreiten und das individuelle Wohlbefinden zu beeinträchtigen.

Beruflicher Erfolg und persönliches Wohlbefinden werden oft als Gegensätze betrachtet, dabei ist es wichtig zu erkennen, dass sie keine unüberbrückbaren Kräfte darstellen sollten. Ideal wäre es, wenn sie in harmonischer Dualität existieren, wobei beruflicher Erfolg das persönliche Wohlbefinden unterstützt und umgekehrt. Ein Ungleichgewicht in dieser Dualität kann jedoch langfristige Auswirkungen auf die Lebensqualität haben, da eine zu einseitige Fokussierung auf den beruflichen Erfolg das persönliche Wohlbefinden beeinträchtigen kann und umgekehrt.

Die Gefahren der Überlastung durch intensives Netzwerken sind nicht zu unterschätzen, besonders wenn es mit anderen beruflichen und persönlichen Verpflichtungen kollidiert. Die ständige Teilnahme an Networking-Veranstaltungen, Meetings und die Aufrechterhaltung digitaler Präsenz können zu Erschöpfung und Stress führen, was sich negativ auf die Work-Life-Balance auswirkt. Es ist wichtig, die eigenen Grenzen zu erkennen und gegebenenfalls aktiv Maßnahmen zu ergreifen, um Überlastung zu verhindern.

Die Rolle von klaren Zielen und Prioritäten wird entscheidend, um diese Balance zu bewahren. Die Definition klarer beruflicher und persönlicher Ziele ermöglicht eine gezielte Netzwerkstrategie, die auf die Erreichung dieser Ziele ausgerichtet ist. Dadurch verhindert man, sich in ziellosen Aktivitäten zu verlieren und kann das Netzwerken effektiver und zielgerichteter gestalten. Klare Prioritäten schaffen eine klare Ausrichtung und helfen, den Fokus auf das Wesentliche zu bewahren.

In einer sich ständig verändernden beruflichen Landschaft ist Flexibilität entscheidend, auch wenn es um Netzwerkaktivitäten geht. Die Fähigkeit, sich an neue Bedingungen anzupassen und flexibel auf Veränderungen zu reagieren, trägt dazu bei, Überlastung zu vermeiden. Es bedeutet nicht nur, sich auf neue berufliche Anforderungen einzustellen, sondern auch das Netzwerken an die aktuellen Bedürfnisse und Lebensphasen anzupassen.

Insgesamt verdeutlicht die Betrachtung dieser Aspekte, wie wichtig es ist, eine ausgewogene Perspektive zwischen beruflichem Erfolg und persönlichem Wohlbefinden zu schaffen, um die volle Bandbreite des Lebens in all seinen Facetten zu genießen. Nur durch eine bewusste und reflektierte Herangehensweise an das Netzwerken kann diese Balance erreicht und aufrechterhalten werden.

15.2 Netzwerken ohne Überlastung: Tipps für eine gesunde Balance

Effektives Netzwerken erfordert nicht zwangsläufig eine ständige Präsenz und ununterbrochene Aktivitäten, sondern kann durchaus im Einklang mit einer gesunden Work-Life-Balance existieren. Dieser Ausgleich lässt sich durch gezielte Maßnahmen und bewusste Entscheidungen gestalten. Hier sind einige erweiterte Tipps, wie dieser Balanceakt erfolgreich umgesetzt werden kann:

Ein entscheidender Schritt besteht darin, klare Prioritäten zu setzen. Die Identifikation Ihrer wichtigsten beruflichen und persönlichen Ziele dient als Leitfaden für Ihre Netzwerkaktivitäten. Durch die Fokussierung auf das, was wirklich wichtig ist, können Sie verhindern, dass Sie sich in endlosen Veranstaltungen und Verpflichtungen verlieren. Dieser strategische Ansatz ermöglicht es Ihnen, Ihr Netzwerken gezielt auf die Aspekte zu konzentrieren, die Ihre individuellen Ziele am besten unterstützen.

Effizientes Zeitmanagement ist ein weiterer Schlüssel zur erfolgreichen Integration von Netzwerken in eine ausgewogene Lebensweise. Das Setzen klarer Zeitlimits für Netzwerkaktivitäten und das Schaffen von Zeiträumen für persönliche Erholung und familiäre Belange helfen, eine übermäßige Beanspruchung zu vermeiden. Es ist wichtig, der Tendenz entgegenzuwirken, sich in endlosen digitalen Interaktionen zu verlieren, indem klare zeitliche Grenzen gesetzt werden.

Qualität vor Quantität sollte als Leitprinzip beim Netzwerken gelten. Das bedeutet, sich darauf zu konzentrieren, tiefgehende und nachhaltige Verbindungen aufzubauen, anstatt oberflächliche Kontakte zu sammeln. Tiefgehende Beziehungen erfordern zwar Zeit, sind jedoch langfristig weniger zeitintensiv als die Pflege einer Vielzahl oberflächlicher Verbindungen. Diese Herangehensweise stellt sicher, dass Ihre Netzwerkinvestitionen eine maximale Wirkung erzielen.

Das bewusste Einplanen von regelmäßigen Pausen und Erholungszeiten ist entscheidend, um die energetischen Anforderungen des Netzwerkens auszugleichen. Netzwerken kann emotional und physisch anspruchsvoll sein, daher sind Ruhephasen unerlässlich, um Erschöpfung zu vermeiden. Die Integration von bewussten Ruhezeiten in Ihren Zeitplan stärkt nicht nur Ihre Energie, sondern fördert auch langfristig Ihr Wohlbefinden.

Die Reduzierung des digitalen Inputs ist eine weitere wirkungsvolle Maßnahme zur Förderung der Work-Life-Balance. Durch bewusste Pausen von sozialen Medien und Online-Netzwerken können Sie den Stresspegel senken und Ihre Aufmerksamkeit auf Ihr persönliches Wohlbefinden lenken. Dieser digitale Entzug ermöglicht es, sich auf die wirklich bedeutungsvollen Interaktionen zu konzentrieren und gleichzeitig die Überstimulation durch den digitalen Raum zu minimieren.

Ein weiterer wichtiger Punkt ist die Fähigkeit, Nein zu sagen. Das Erkennen und Akzeptieren Ihrer Grenzen ist entscheidend, um Überlastung zu vermeiden. Lernen Sie, sich abzuschirmen und zu priorisieren, und wenn eine zusätzliche Netzwerkverpflichtung zu viel wäre, ist es wichtig, in der Lage zu sein, Nein zu sagen. Dieser selbstbewusste Umgang mit Ihren eigenen Ressourcen ist ausschlaggebend für die Erhaltung Ihrer Work-Life-Balance und fördert gleichzeitig eine gesunde und nachhaltige Netzwerkdynamik.

15.3 Selbstfürsorge im Kontext beruflicher Netzwerke

Selbstfürsorge ist zweifellos ein wesentlicher Bestandteil der Work-Life-Balance und gewinnt im Kontext beruflicher Netzwerke zunehmend an Bedeutung. Die Pflege des eigenen Wohlbefindens ist entscheidend, um die Herausforderungen des Netzwerkens zu bewältigen und langfristigen beruflichen Erfolg zu gewährleisten. Hier sind einige erweiterte Aspekte der Selbstfürsorge, die speziell beim Netzwerken in Betracht gezogen werden sollten:

Die Praxis der Achtsamkeit ist ein zentraler Punkt, um die Selbstfürsorge beim Netzwerken zu stärken. Achtsamkeit hilft, im Moment zu bleiben und sich bewusst für die eigenen Bedürfnisse zu sensibilisieren. Durch diese Praxis können Sie besser einschätzen, wann es notwendig ist, einen Schritt zurückzutreten und sich um Ihr eigenes Wohlbefinden zu kümmern. Dies schafft nicht nur Klarheit über Ihre Bedürfnisse, sondern ermöglicht auch eine bewusstere und ausgewogenere Teilnahme am Netzwerken.

Das Setzen von klaren Grenzen ist ein weiterer kritischer Aspekt der Selbstfürsorge beim Netzwerken. Klare Grenzen für Ihre Netzwerkaktivitäten zu setzen, sei es die Anzahl der Networking-Veranstaltungen pro Woche oder der Zeitrahmen für digitale Interaktionen, ist entscheidend, um Ihre persönliche Energie zu schützen. Dieser bewusste Umgang mit Ihren Ressourcen ist eine proaktive Maßnahme, um Überlastung zu vermeiden und die eigene Balance zu wahren.

Die regelmäßige Reflexion über Ihre Netzwerkaktivitäten ist ein weiterer Schlüssel zur Selbstfürsorge. Nehmen Sie sich Zeit für Selbstreflexion, um zu verstehen, wie sich Ihre Netzwerkaktivitäten auf Ihr Wohlbefinden auswirken. Diese kontinuierliche Selbstbewertung ermöglicht es Ihnen, Ihre Strategien kontinuierlich anzupassen, um die Balance zwischen beruflichem Engagement und persönlichem Wohlbefinden aufrechtzuerhalten.

Die Integration von gesundheitsfördernden Gewohnheiten in Ihren Alltag ist ebenfalls von großer Bedeutung. Regelmäßige Bewegung, ausgewogene Ernährung und ausreichender Schlaf sind entscheidend für Ihre körperliche Gesundheit, die wiederum Ihre mentale und emotionale Belastbarkeit unterstützt. Diese gesundheitsfördernden Gewohnheiten dienen als Grundlage für eine nachhaltige Work-Life-Balance, die auch intensive Netzwerkaktivitäten ermöglicht.

as bewusste Einplanen von Pausen und Ruhezeiten ist ein weiterer Schritt zur Selbstfürsorge, insbesondere in einem Umfeld, das von intensiven beruflichen Netzwerken geprägt ist. Planen Sie Zeiten der Erholung bewusst ein, um sich zu regenerieren und neue Energie zu tanken. Diese Pausen sind entscheidend, um langfristig erfolgreich zu bleiben und den Herausforderungen des Netzwerkens mit Frische und Klarheit zu begegnen.

Schließlich sollte man nicht zögern, professionelle Hilfe in Anspruch zu nehmen, wenn der Druck des Netzwerkens das persönliche Wohlbefinden ernsthaft beeinträchtigt. Ein Coach oder Therapeut kann individuelle Unterstützung bieten, Strategien entwickeln und dazu beitragen, die Work-Life-Balance wiederherzustellen. Die Anerkennung der eigenen Grenzen und die Bereitschaft, professionelle Hilfe anzunehmen, sind mutige Schritte auf dem Weg zu einer nachhaltigen und ausgeglichenen Lebensführung.

Fazit:

Die Balance zwischen beruflichem Erfolg und persönlichem Wohlbefinden ist eine lebenslange Reise, die kontinuierliche Anpassung erfordert. Im Kontext beruflicher Netzwerke ist es entscheidend, die eigene Work-Life-Balance aktiv zu gestalten und zu schützen. Klare Prioritäten, effizientes Zeitmanagement und die Praxis der Selbstfürsorge sind Schlüsselkomponenten für eine gesunde Balance. Netzwerken ohne Überlastung erfordert eine bewusste und achtsame Herangehensweise, um sowohl beruflichen Erfolg als auch persönliches Wohlbefinden zu fördern.

Die Rolle der Familie im Netzwerkaufbau

Familie ist oft das Rückgrat unserer Unterstützungssysteme, und ihre Rolle im Netzwerkaufbau sollte nicht unterschätzt werden. In diesem Kapitel werden wir die Bedeutung der Familienunterstützung als Netzwerkressource erkunden, beleuchten, wie die Familie aktiv in das berufliche Netzwerk eingebunden werden kann, und die Rolle des Netzwerkens als Vorbild für die nächste Generation betrachten.

16.1 Familienunterstützung als Netzwerkressource

Familienunterstützung bildet zweifellos eine fundamentale und oft unterschätzte Netzwerkressource. In einer zunehmend von beruflichen Herausforderungen geprägten Welt spielt die Familie eine entscheidende Rolle im Aufbau eines stabilen und unterstützenden Netzwerks, das weit über berufliche Belange hinausgeht.

Das emotionale Netzwerk der Familie ist ein unschätzbarer Vermögenswert. Familienmitglieder fungieren als emotionale Stütze, die in Zeiten beruflicher Höhen und Tiefen Unterstützung bietet. Die Gewissheit, dass eine vertrauenswürdige und liebevolle Gemeinschaft im Hintergrund steht, stärkt die mentale Resilienz und das Selbstvertrauen. Der emotionale Rückhalt aus der Familie spielt eine entscheidende Rolle bei der Bewältigung von beruflichen Herausforderungen und fördert die psychische Gesundheit.

Ein weiterer bedeutender Aspekt ist das Teilen von Wissen und Erfahrungen innerhalb der Familie. Oftmals verfügen Familienmitglieder über eine Fülle von Wissen und Erfahrungen, die eine unschätzbare Ressource für den beruflichen Erfolg darstellen können. Innerhalb der Familie gibt es möglicherweise eine breite Palette von Branchenkenntnissen oder spezifischem Fachwissen, das dazu beitragen kann, die eigene berufliche Laufbahn zu stärken und zu lenken.

Finanzielle Unterstützung seitens der Familie kann in einigen Fällen den

Einstieg in eine selbstständige Tätigkeit erheblich erleichtern. Ob es sich um Startkapital für ein eigenes Unternehmen handelt oder um finanzielle Hilfe während schwieriger Phasen, die Familie kann eine kritische Rolle bei der Sicherung der finanziellen Basis spielen. Diese Form der Unterstützung kann den Raum für unternehmerische Ambitionen erweitern und eine solide Grundlage für beruflichen Erfolg schaffen.

Das Nutzen der Netzwerke der Familie stellt einen weiteren Vorteil dar. Familienmitglieder haben oft ihre eigenen beruflichen Netzwerke, die wertvolle Ressourcen, Kontakte und Möglichkeiten bieten. Durch die Integration in diese familiären Netzwerke erhalten Individuen Zugang zu einem erweiterten Kreis von Menschen, die in verschiedenen Branchen und Bereichen tätig sind. Dies kann sich als äußerst vorteilhaft erweisen, sei es im Bildungsbereich, im Gesundheitswesen oder in der Wirtschaft.

Nicht zuletzt spielt die Familie eine wesentliche Rolle bei der Unterstützung einer gesunden Work-Life-Balance. Ein unterstützendes familiäres Umfeld kann dazu beitragen, den Druck zu mindern und sicherstellen, dass beruflicher Erfolg und persönliches Wohlbefinden im Einklang stehen. Die Familie bietet einen stabilen Rückhalt, der es ermöglicht, die Herausforderungen des Berufslebens besser zu bewältigen und gleichzeitig ein erfüllendes persönliches Leben zu führen. Insgesamt fungiert die Familie als eine umfassende und vielschichtige Netzwerkressource, die weitreichende Auswirkungen auf das persönliche und berufliche Wohlbefinden haben kann.

16.2 Gemeinsam erfolgreich: Familie als Teil des beruflichen Netzwerks

Die wirkungsvolle Integration der Familie in das berufliche Netzwerk erfordert nicht nur bewusste Anstrengungen, sondern auch strategische Überlegungen, um eine harmonische Verbindung zwischen den beiden Welten zu schaffen. Hier sind einige ausführliche Möglichkeiten, wie die Familie aktiv Teil des beruflichen Netzwerks sein kann:

Eine besonders effektive Methode ist die Organisation familiärer Netzwerkveranstaltungen. Hierbei können Mitglieder ihre beruflichen Erfahrungen und Erfolge teilen, was nicht nur ein unterstützendes Umfeld schafft, sondern auch den Austausch von Ratschlägen und Ressourcen ermöglicht. Solche Veranstaltungen fördern nicht nur das Verständnis für die beruflichen Bemühungen jedes Familienmitglieds, sondern stärken auch die Bindung innerhalb der Familie.

Familiäre Mentoring-Beziehungen sind eine weitere facettenreiche Möglichkeit, die Verbindung zwischen Familie und beruflichem Netzwerk zu vertiefen. Familienmitglieder, insbesondere diejenigen, die in ähnlichen Branchen tätig sind, können als Mentoren fungieren. Diese persönlichen Mentoring-Beziehungen innerhalb der Familie unterstützen nicht nur den Wissensaustausch, sondern fördern auch die individuelle berufliche Entwicklung.

Die Zusammenarbeit an beruflichen Projekten innerhalb der Familie ist nicht nur eine Gelegenheit zu gemeinsamem Erfolg, sondern hebt auch die individuellen Stärken jedes Familienmitglieds hervor. Diese gemeinsamen Projekte fördern den Zusammenhalt und die Effektivität als Team, während sie gleichzeitig einen Raum für kreative Zusammenarbeit bieten.

Die Integration in familiäre Netzwerke ist eine naheliegende Strategie. Dies kann die Teilnahme an familiären Veranstaltungen, der Beitritt zu beruflichen Gruppen oder die Nutzung von Online-Plattformen beinhalten. Durch die Erweiterung des eigenen Netzwerks innerhalb der Familie ergeben sich neue Chancen und Perspektiven, die den individuellen beruflichen Horizont erweitern können.

Die Förderung von Bildung und beruflicher Entwicklung innerhalb der Familie trägt ebenfalls zur Stärkung des beruflichen Netzwerks bei. Gemeinsame Diskussionen über aktuelle Branchentrends, die Unterstützung von Weiterbildungen oder die Förderung von Bildungsaustausch schaffen nicht nur eine Atmosphäre des Lernens, sondern tragen auch dazu bei, dass das berufliche Netzwerk lebendig und informativ bleibt.

Ein weiterer Schlüsselaspekt ist die Schaffung eines Raums für offene Kommunikation über berufliche Herausforderungen. Die Familie kann eine unterstützende Rolle spielen, indem sie bei der Lösung von Problemen hilft oder alternative Perspektiven bietet. Dieser offene Dialog fördert nicht nur das gegenseitige Verständnis, sondern stärkt auch das Vertrauen und die Zusammengehörigkeit.

Netzwerke weben – Erfolg ernten

Nicht zuletzt sollten berufliche Meilensteine gemeinsam mit der Familie gefeiert werden. Das Teilen von beruflichen Erfolgen und das gemeinsame Feiern erreichter Meilensteine stärken nicht nur den familiären Zusammenhalt, sondern sorgen auch für positive Verstärkung bei beruflichen Erfolgen. Eine solche gemeinsame Anerkennung schafft eine unterstützende Umgebung, die dazu beiträgt, die Motivation und den Enthusiasmus für berufliche Ziele aufrechtzuerhalten.

16.3 Netzwerken als Vorbild für die nächste Generation

Die Rolle des Netzwerkens als Vorbild für die nächste Generation ist von entscheidender Bedeutung, um den Kreislauf der Unterstützung und des Erfolgs fortzusetzen. Hier sind detaillierte Überlegungen zu verschiedenen Aspekten dieses wichtigen Ansatzes:

Lebenslanges Lernen und Entwicklung bilden einen zentralen Punkt. Wenn Eltern oder ältere Familienmitglieder den Wert des Netzwerkens demonstrieren, werden jüngere Generationen ermutigt, lebenslanges Lernen und berufliche Entwicklung als selbstverständlich zu betrachten. Dieser integrative Ansatz schafft eine Atmosphäre des kontinuierlichen Wachstums und ermutigt dazu, ständig nach neuen Möglichkeiten und Erkenntnissen Ausschau zu halten.

Das Teilen von eigenen Netzwerk-Erfahrungen geht über das bloße Verständnis der Vorteile hinaus. Es zeigt, dass Netzwerken ein fortlaufender Prozess ist, der sich im Laufe der Zeit entwickelt. Diese Perspektive ermutigt die nächste Generation nicht nur zum Einstieg in den Aufbau von Netzwerken, sondern auch zur kontinuierlichen Pflege und Anpassung ihrer Verbindungen.

Die Förderung von Selbstvertrauen spielt ebenfalls eine entscheidende Rolle. Netzwerken erfordert ein gewisses Maß an Selbstvertrauen, und Eltern können durch Ermutigung, Unterstützung und das Schaffen von Möglichkeiten dazu beitragen, dass ihre Kinder selbstbewusst in Netzwerken agieren. Dies stärkt nicht nur ihre Fähigkeiten im beruflichen Umfeld, sondern hat auch positive Auswirkungen auf ihre Persönlichkeitsentwicklung.

Die Einführung in Netzwerkveranstaltungen kann bereits in frühen

Jahren erfolgen. Kinder können in familienfreundlichen geschäftlichen Umgebungen eingeführt werden, was ihnen ermöglicht, sich mit verschiedenen Branchen und Netzwerken vertraut zu machen. Dieser frühe Kontakt fördert nicht nur ein Verständnis für geschäftliche Interaktionen, sondern baut auch eine Grundlage für zukünftige Networking-Erfolge.

Familienprojekte dienen als ideale Lerngelegenheit für Netzwerkkompetenzen. Die Zusammenarbeit an Projekten innerhalb der Familie fördert nicht nur die Fähigkeit zur effektiven Kommunikation, sondern auch den Aufbau von Beziehungen und Teamarbeit – Fähigkeiten, die im späteren beruflichen Leben von unschätzbarem Wert sind.

Die Ermutigung zur Neugierde ist ein weiterer wichtiger Punkt. Eltern sollten aktiv die Neugierde ihrer Kinder fördern, sei es durch das Kontaktaufnehmen mit anderen, das Stellen von Fragen oder das Streben nach neuen Verbindungen. Diese Neugierde bildet die Grundlage für zukünftige Netzwerkerfolge, da sie dazu ermutigt, aktiv nach Wissen und neuen Kontakten zu suchen.

In der heutigen digitalen Welt sind auch digitale Netzwerkfähigkeiten von großer Bedeutung. Eltern können dazu beitragen, dass ihre Kinder ein Verständnis für den sinnvollen und verantwortungsbewussten Einsatz von Social Media und anderen Online-Plattformen entwickeln. Dies schafft nicht nur digitale Kompetenzen, sondern fördert auch ein verantwortungsbewusstes und respektvolles Online-Verhalten im Kontext des Netzwerkens.

Fazit:

Die Familie spielt eine entscheidende Rolle im Netzwerkaufbau, und ihre Unterstützung ist eine wertvolle Ressource. Die Integration der Familie in das berufliche Netzwerk kann zu gemeinsamem Erfolg führen und gleichzeitig eine unterstützende Umgebung schaffen. Das Netzwerken als Vorbild für die nächste Generation setzt den Grundstein für lebenslanges Lernen, berufliche Entwicklung und die Fortsetzung der Netzwerkerfolge über Generationen hinweg.

Krisenmanagement: Wenn das Netzwerk gefährdet ist

Das Netzwerken ist nicht nur von Erfolg und Wachstum geprägt, sondern kann auch mit Herausforderungen und Krisen konfrontiert werden. In diesem Kapitel werden wir verschiedene Aspekte des Krisenmanagements im Kontext beruflicher Netzwerke erkunden. Dabei legen wir den Fokus auf den Umgang mit Konflikten im Netzwerk, die Gründe für den Verlust von Kontakten und wie Krisen als Chance für Netzwerkanpassungen genutzt werden können.

17.1 Umgang mit Konflikten im Netzwerk

Konflikte sind in zwischenmenschlichen Beziehungen unausweichlich, und Netzwerke bilden da keine Ausnahme. Der Umgang mit Konflikten erfordert eine sensible Herangehensweise, ausgeprägte Kommunikationsfähigkeiten und die Bereitschaft zur Zusammenarbeit. Hier sind eingehendere Ansätze, wie Konflikte im Netzwerk erfolgreich bewältigt werden können:

Kommunikation als Schlüssel spielt eine fundamentale Rolle. Eine offene und klare Kommunikation ist entscheidend für die Bewältigung von Konflikten. Oftmals entstehen Konflikte durch Missverständnisse oder eine mangelnde Kommunikation. Das klärende Gespräch ermöglicht nicht nur das Beseitigen von Unstimmigkeiten, sondern trägt auch dazu bei, Missverständnisse zu klären und eine gemeinsame Basis zu finden.

Empathie und Verständnis sind essentiell bei der Konfliktbewältigung. Der Versuch, die Perspektive des anderen zu verstehen, schafft Raum für Empathie und kann dazu beitragen, die Gründe für Unstimmigkeiten zu erkennen. Ein Fokus auf Lösungen, anstatt auf der Zuweisung von Schuld, erleichtert den Weg zu einer gemeinsamen Lösung.

Mediation kann in einigen Fällen äußerst nützlich sein. Die Einbeziehung einer neutralen dritten Partei, wie einem Mediator, kann dazu beitragen, Konflikte zu lösen. Eine objektive Perspektive von außen hat oft die Fähigkeit, eingefahrene Positionen aufzubrechen und zu einer gemeinsamen, akzeptablen Lösung zu führen.

Konflikte als Chance zu sehen, ist ein konstruktiver Ansatz. Statt Konflikte als rein negativ zu betrachten, können sie auch als Gelegenheit für Wachstum und Verbesserung genutzt werden. Die erfolgreiche Bewältigung von Konflikten kann Beziehungen stärken und Netzwerke widerstandsfähiger gegen zukünftige Herausforderungen machen.

Grenzen setzen und Respekt wahren sind ebenfalls entscheidende Schritte. In manchen Fällen ist es notwendig, klare Grenzen zu setzen, um sich vor unangemessenem Verhalten zu schützen. Der Respekt vor den eigenen Grenzen und die offene Kommunikation dieser Grenzen sind von großer Bedeutung, um ein gesundes Netzwerkklima aufrechtzuerhalten. Indem jeder im Netzwerk klare Grenzen respektiert, wird eine Atmosphäre geschaffen, die auf Vertrauen und Wertschätzung basiert.

17.2 Verlust von Kontakten: Ursachen und Gegenmaßnahmen

Der Verlust von Kontakten im beruflichen Netzwerken stellt eine unvermeidliche Realität dar und kann durch verschiedene Faktoren ausgelöst werden. Eine der häufigsten Ursachen ist der Wandel in beruflichen Interessen. Menschen entwickeln sich ständig weiter, erkunden neue Branchen und verfolgen unterschiedliche Karrierewege. Infolgedessen können bestehende Kontakte nicht mehr im gleichen beruflichen Umfeld agieren. Die Akzeptanz solcher Veränderungen ist essenziell, und es bietet sich die Möglichkeit, neue Kontakte zu knüpfen, die den aktuellen Interessen und beruflichen Ausrichtungen entsprechen.

Ein weiterer Grund für den Verlust von Kontakten können persönliche Differenzen sein. Unterschiede in Persönlichkeit, Werten oder Arbeitsstilen können zu Konflikten führen und letztendlich zu einem Bruch in der Netzwerkbeziehung. In solchen Fällen ist es ratsam, die Differenzen zu akzeptieren und den Fokus auf diejenigen zu legen, mit denen eine positive und konstruktive Beziehung aufrechterhalten werden kann. Dies erfordert eine gewisse Flexibilität und die Fähigkeit, sich auf die Gemeinsamkeiten zu konzentrieren, während man Differenzen respektiert.

Ein häufiges Problem ist auch der Mangel an Reziprozität in Netzwerkbeziehungen. Wenn eine Seite mehr Nutzen aus der Beziehung zieht als die andere, kann dies zu Frustration und Unzufriedenheit führen. Um dem entgegenzuwirken, ist es entscheidend sicherzustellen, dass die Beziehung für beide Seiten von Wert ist. Klare Erwartungen und Vereinbarungen können hierbei helfen und dazu beitragen, eine ausgewogene und für alle Seiten befriedigende Dynamik zu schaffen.

Berufliche oder geografische Veränderungen sind weitere Gründe, warum Kontakte verloren gehen können. Karriereveränderungen oder Umzüge können dazu führen, dass Menschen physisch voneinander entfernt sind. Dennoch ist es möglich, die Verbindung aufrechtzuerhalten, indem moderne Kommunikationsmittel wie Videoanrufe, E-Mails und soziale Medien genutzt werden. Die Anpassung an die neuen Umstände und die kontinuierliche Pflege der Beziehung trotz räumlicher Distanz sind entscheidend, um die Verbindung lebendig zu halten.

Um den Verlust von Kontakten zu vermeiden, ist proaktive Pflege von Netzwerkbeziehungen von größter Bedeutung. Dies kann verschiedene Formen annehmen, darunter regelmäßige Updates über berufliche Entwicklungen, die Zusammenarbeit an gemeinsamen Projekten oder einfach das Teilen von relevanten Informationen. Eine kontinuierliche und offene Kommunikation bildet das Fundament für dauerhafte Netzwerkbeziehungen. Das Bewusstsein für die Bedeutung von Netzwerken und die Investition von Zeit und Energie in die Pflege dieser Beziehungen tragen dazu bei, die Resilienz des Netzwerks gegenüber Veränderungen zu stärken und die Möglichkeit des erfolgreichen Überwindens von Herausforderungen zu erhöhen.

17.3 Krisen als Chance für Netzwerkanpassungen

Krisen, sei es in Form von Konflikten oder dem Verlust von Kontakten, sind unvermeidliche Herausforderungen, denen sich jeder im Netzwerken stellen muss. Doch vielmehr als Hindernisse können Krisen als Chancen für Anpassungen und positive Veränderungen im Netzwerk betrachtet werden. Die folgenden Überlegungen bieten Einblicke in die Möglichkeiten, die sich in Krisensituationen eröffnen können:

Reflexion und Lernen:
Krisen bieten eine einzigartige Gelegenheit zur tiefgreifenden Reflexion über die Struktur des Netzwerks und die Qualität der bestehenden Beziehungen. Indem man sich aktiv mit den Ursachen und Auswirkungen der Krise auseinandersetzt, können Muster erkannt werden. Diese Erkenntnisse dienen als Grundlage für zukünftige Netzwerkanpassungen und ermöglichen eine verbesserte Herangehensweise an zwischenmenschliche Beziehungen.

Neue Verbindungen knüpfen:
Der Verlust von Kontakten, sei es durch Differenzen oder sich ändernde berufliche Ausrichtungen, schafft Raum für neue Verbindungen. In Krisenzeiten ist es wichtig, diese Gelegenheit zu nutzen und das Netzwerk aktiv um neue Kontakte zu erweitern. Neue Perspektiven und Erfahrungen, die durch frische Verbindungen entstehen, können das Netzwerk beleben und zu unerwarteten beruflichen Chancen führen.

Klare Netzwerkziele setzen:
Krisen dienen oft als Katalysator für eine Neubewertung der eigenen beruflichen Ziele und Prioritäten. In dieser Phase ist es hilfreich, klare Netzwerkziele zu setzen. Überlegen Sie, welche Art von Kontakten und Ressourcen für die Erreichung Ihrer überarbeiteten Ziele erforderlich sind. Ein Fokus auf die Qualität der Beziehungen anstelle der Quantität kann zu nachhaltigeren und erfüllenderen Netzwerkergebnissen führen.

Netzwerkanalyse durchführen:
Eine gründliche Analyse des bestehenden Netzwerks ist in Krisenzeiten von entscheidender Bedeutung. Identifizieren Sie Stärken und Schwächen, um gezielt an der Verbesserung des Netzwerks zu arbeiten. Durch eine strategische Herangehensweise können Sie diejenigen Beziehungen identifizieren, die für Ihre überarbeiteten beruflichen Ziele am relevantesten sind. Ein Fokus auf diese Schlüsselbeziehungen kann den Weg für eine erfolgreiche Netzwerkanpassung ebnen.

Netzwerkeffekte nutzen:
Krisen bieten auch die Möglichkeit, positive Netzwerkeffekte zu verstärken. Das Teilen von Erfolgsgeschichten, das Geben von Unterstützung und das Eingehen von Kooperationen sind nicht nur während der Krise, sondern auch danach entscheidend. Der gemeinsame Erfolg trägt zur

     Netzwerke weben – Erfolg ernten

Stärkung des Netzwerks bei und schafft eine Atmosphäre der Zusammenarbeit und Unterstützung.

Flexibilität und Anpassungsfähigkeit:
In einer sich ständig verändernden beruflichen Landschaft sind Flexibilität und Anpassungsfähigkeit von zentraler Bedeutung. Krisen erfordern oft eine schnelle Anpassung an neue Gegebenheiten. Seien Sie bereit, Ihr Netzwerk entsprechend den sich ändernden Bedingungen anzupassen. Dies schließt die Bereitschaft ein, neue Wege für die Zusammenarbeit zu finden und sich den dynamischen Anforderungen der beruflichen Entwicklung anzupassen.

Insgesamt können Krisen als entscheidender Impuls für positive Veränderungen im Netzwerk dienen. Die Bereitschaft zur Reflexion, die aktive Suche nach neuen Verbindungen, das Setzen klarer Ziele, die Analyse und Anpassung des Netzwerks sowie die Nutzung von Netzwerkeffekten sind entscheidende Schritte, um gestärkt aus Krisen hervorzugehen und langfristigen beruflichen Erfolg zu gewährleisten.

Fazit:

Krisen im Netzwerken sind unvermeidlich, aber sie bieten auch die Möglichkeit zur persönlichen und beruflichen Weiterentwicklung. Der Umgang mit Konflikten erfordert Sensibilität und effektive Kommunikation, während der Verlust von Kontakten die Chance für neue Verbindungen eröffnet. Krisen können als Katalysator für positive Netzwerkanpassungen dienen, wenn sie als Gelegenheit zur Reflexion, Lernprozesse und strategische Neuausrichtung betrachtet werden. Letztendlich ist die Fähigkeit, in Krisensituationen flexibel und anpassungsfähig zu sein, entscheidend für die langfristige Resilienz und den Erfolg im Netzwerken.

Die Zukunft des Netzwerkens für selbständige Frauen

Das berufliche Netzwerken für selbständige Frauen steht vor ständigen Veränderungen und Herausforderungen, die durch eine sich entwickelnde Geschäftswelt, Technologiefortschritte und soziokulturelle Einflüsse beeinflusst werden. In diesem Kapitel werden wir die Zukunft des Netzwerkens für selbständige Frauen erkunden, indem wir uns auf aktuelle Trends, die Rolle von Technologie und Innovation sowie die nachhaltige Entwicklung von Netzwerken konzentrieren.

18.1 Trends im beruflichen Netzwerken

Um die Zukunft des beruflichen Netzwerkens für selbständige Frauen zu verstehen, ist es von entscheidender Bedeutung, die aktuellen Trends zu identifizieren und eingehend zu analysieren. In einem sich ständig wandelnden Geschäftsumfeld spielen verschiedene Faktoren eine Rolle, die das berufliche Netzwerken prägen. Hier werden einige der bedeutendsten Trends beleuchtet, die einen erheblichen Einfluss auf selbständige Frauen und ihre Netzwerkaktivitäten haben:

Virtualisierung und Remote-Arbeit:
Die fortschreitende Virtualisierung und die zunehmende Akzeptanz von Remote-Arbeit haben das berufliche Netzwerken revolutioniert. Für selbständige Frauen eröffnen sich neue Möglichkeiten, da sie nun über geografische Grenzen hinweg effektiv mit Kollegen, Kunden und Geschäftspartnern kommunizieren und kooperieren können. Virtuelle Meetings, Online-Kollaborationstools und digitale Plattformen erleichtern die Vernetzung und den Austausch von Ideen.

Diversität und Inklusion:
Die Forderung nach Diversität und Inklusion im Geschäftsumfeld wird immer lauter. Selbständige Frauen suchen vermehrt nach Netzwerken, die eine vielfältige Mitgliedschaft fördern und eine inklusive Umgebung bieten. Die Betonung dieser Werte trägt dazu bei, das Bewusstsein für Chancengleichheit zu schärfen und schafft Netzwerke, die ein unter-

Netzwerke weben - Erfolg ernten

stützendes Umfeld für Frauen in der Selbständigkeit bieten.

Nachhaltigkeit und soziale Verantwortung:
Die Bedeutung von nachhaltigen Geschäftspraktiken und sozialer Verantwortung nimmt weiter zu. Selbständige Frauen legen vermehrt Wert darauf, in Netzwerken aktiv zu sein, die Umweltfreundlichkeit und sozialen Impact unterstützen. Der Fokus auf ethische Werte spiegelt sich in der Auswahl von Netzwerken wider und trägt zur Schaffung nachhaltiger Geschäftspraktiken bei.

Kollaborative Netzwerke:
Traditionelle, hierarchische Netzwerke verlieren zunehmend an Bedeutung zugunsten kollaborativer Ansätze. Selbständige Frauen suchen verstärkt nach Plattformen, die eine gegenseitige Unterstützung und Zusammenarbeit ermöglichen. Kollaborative Netzwerke fördern den Erfahrungsaustausch, ermöglichen Synergien und tragen dazu bei, gemeinsam größere berufliche Erfolge zu erzielen.

Digitale Präsenz und Personal Branding:
Mit der wachsenden Bedeutung von Online-Plattformen wird die digitale Präsenz zu einem entscheidenden Faktor im beruflichen Netzwerken. Selbständige Frauen investieren verstärkt in ihre persönliche Marke, um online sichtbarer zu sein. Ein professionelles Personal Branding trägt dazu bei, berufliche Chancen zu maximieren und relevante Kontakte anzuziehen.

Flexibilität und Agilität:
Im modernen Geschäftsumfeld sind Flexibilität und Agilität Schlüsselbegriffe. Netzwerke, die diesen Prinzipien folgen und sich schnell an Veränderungen anpassen können, werden für selbständige Frauen besonders attraktiv. Die Fähigkeit, flexibel auf sich ändernde Marktanforderungen zu reagieren, wird in Netzwerken geschätzt, um den individuellen beruflichen Erfolg zu fördern.

Insgesamt verdeutlichen diese Trends, dass die Zukunft des beruflichen Netzwerkens für selbständige Frauen von verschiedenen dynamischen Faktoren geprägt wird. Ein ganzheitliches Verständnis dieser Trends ermöglicht es, sich optimal auf die sich wandelnde berufliche Landschaft einzustellen und erfolgreiche Netzwerkstrategien zu entwickeln.

18.2 Die Rolle von Technologie und Innovation

Die rasanten Fortschritte in der Technologie nehmen eine zunehmend entscheidende Rolle in der Gestaltung der Zukunft des beruflichen Netzwerkens ein. Insbesondere für selbständige Frauen eröffnen sich durch Innovationen neue Horizonte, die den Zugang zu Ressourcen, die Effizienz der Kommunikation und die Vielfalt der beruflichen Chancen in nie dagewesenem Maße verbessern. In diesem ausführlichen Diskurs werden verschiedene Aspekte der Rolle von Technologie und Innovation im Kontext des beruflichen Netzwerkens beleuchtet.

Ein zentraler Faktor, der die Art und Weise, wie Menschen miteinander in Verbindung treten und Geschäfte abwickeln, maßgeblich beeinflusst, ist die fortschreitende Entwicklung von Social-Media-Plattformen. LinkedIn, Twitter und Instagram sind längst nicht mehr nur Plattformen für den persönlichen Austausch, sondern haben sich zu unverzichtbaren Werkzeugen für berufliche Selbstvermarktung und Vernetzung entwickelt. Selbständige Frauen profitieren in besonderem Maße von der Möglichkeit, ihre Fachkenntnisse und Erfahrungen auf diesen Plattformen zu präsentieren, um so ihre Sichtbarkeit in der Geschäftswelt zu steigern und wertvolle Kontakte zu knüpfen.

Ein weiterer Meilenstein in der technologischen Entwicklung ist der Einsatz von künstlicher Intelligenz (KI) und Datenanalyse im Bereich des beruflichen Netzwerkens. Durch die Anwendung von Algorithmen können personalisierte Netzwerke geschaffen werden, indem relevante Verbindungen vorgeschlagen und Einblicke in aktuelle Trends im beruflichen Umfeld gewonnen werden. Diese intelligenten Technologien ermöglichen es selbständigen Frauen, ihre Netzwerke gezielter und effektiver aufzubauen, was wiederum die Chancen für beruflichen Erfolg und Karriereentwicklung steigert.

Virtuelle Realität (VR) und Augmented Reality (AR) eröffnen eine neue Dimension des beruflichen Netzwerkens. Durch die Teilnahme an virtuellen Networking-Veranstaltungen und interaktive Zusammenarbeit in einer immersiven Umgebung können selbständige Frauen globale Konferenzen besuchen und ihre Netzwerke auf eine innovative Weise erweitern. Diese Technologien bieten die Möglichkeit, physische Barrieren zu überwinden und den Zugang zu professionellen Kontakten zu erleichtern.

Die Blockchain-Technologie revolutioniert die Sicherheit und Integrität von Netzwerken. Durch transparente und dezentrale Strukturen können Selbständige Vertrauen aufbauen und sicherere Geschäfte abwickeln. Die unveränderliche Natur der Blockchain schafft eine verlässliche Grundlage für Verträge und Transaktionen, was insbesondere für freiberuflich tätige Frauen von entscheidender Bedeutung ist, die oft auf Vertrauen und Integrität angewiesen sind.

Ein weiterer Bereich, der die Art und Weise, wie selbständige Frauen ihre beruflichen Beziehungen gestalten, transformiert, sind Collaboration-Tools. Die Entwicklung von Plattformen, die eine nahtlose Zusammenarbeit in virtuellen Teams ermöglichen, hat einen erheblichen Einfluss auf die Effizienz und Produktivität von selbständigen Fachleuten. Unabhängig vom geografischen Standort können Frauen gemeinsam an Projekten arbeiten und ihre Fähigkeiten kombinieren, um innovative Lösungen zu entwickeln.

Die fortschreitende Digitalisierung hat auch das E-Learning und die virtuelle Weiterbildung revolutioniert. Selbständige Frauen können durch technologische Fortschritte ihre Fähigkeiten erweitern und aktuelle Trends in ihren Branchen verfolgen. E-Learning-Plattformen bieten flexible und individualisierte Lernmöglichkeiten, die es Frauen ermöglichen, ihre berufliche Entwicklung selbst in die Hand zu nehmen.

Eine weitere bedeutende Auswirkung technologischer Innovationen auf selbständige Frauen ist die Automatisierung von Routineaufgaben. Durch den Einsatz von Automatisierungstechnologien können mühsame und wiederholende Aufgaben effizient erledigt werden, was den Selbständigen mehr Zeit für strategische Netzwerkarbeit und geschäftliche Innovationen verschafft. Dieser Zeitgewinn ermöglicht es Frauen, sich stärker auf kreative und anspruchsvolle Aspekte ihrer Arbeit zu konzentrieren, was letztendlich ihre berufliche Zufriedenheit und den Erfolg ihrer Unternehmungen steigert.

Insgesamt verdeutlichen diese verschiedenen Aspekte die transformative Wirkung, die technologische Fortschritte auf das berufliche Netzwerken von selbständigen Frauen haben. Von der Nutzung von Social-Media-Plattformen über den Einsatz von KI und VR bis hin zur Blockchain-Technologie – jede Innovation trägt dazu bei, die Barrieren für den Zugang zu Ressourcen abzubauen, die Effizienz der Kommunikation zu steigern und die beruflichen Chancen zu diversifizieren. Selbständige Frauen sind somit nicht nur Zeuginnen dieser Veränderungen, sondern aktive Gestalterinnen einer Zukunft des beruflichen Netzwerkens, die von fortschrittlichen Technologien und innovativen Ansätzen geprägt ist.

18.3 Die nachhaltige Entwicklung von Netzwerken

Die Nachhaltigkeit von Netzwerken gewinnt zunehmend an Bedeutung, insbesondere für selbständige Frauen, die bestrebt sind, langfristige und unterstützende Beziehungen aufzubauen. In einer sich ständig verändernden beruflichen Landschaft werden nachhaltige Netzwerke zu einem entscheidenden Element für den Erfolg und die Zufriedenheit von Frauen, die ihre eigenen Wege gehen. Im Folgenden werden verschiedene Überlegungen zur nachhaltigen Entwicklung von Netzwerken erörtert, die eine Grundlage für eine zukunftsorientierte, unterstützende Gemeinschaft bilden.

Ein zentraler Punkt, der bei der Betrachtung der Nachhaltigkeit von Netzwerken im Vordergrund steht, ist die Bedeutung langfristiger Beziehungen. Die Zukunft des Netzwerkens liegt in Beziehungen, die über die Oberfläche von rein geschäftlichen Interaktionen hinausgehen. Langfristige Netzwerke, die auf Vertrauen, Zusammenarbeit und gegenseitigem Nutzen basieren, bieten Frauen nicht nur berufliche, sondern auch persönliche Unterstützung. Selbständige Frauen sollten bewusst nach Netzwerken suchen, die diese Werte fördern und langfristige Beziehungen ermöglichen.

Gegenseitige Unterstützung ist ein Eckpfeiler nachhaltiger Netzwerke. Frauen, die sich gegenseitig unterstützen, schaffen ein Umfeld, das über den rein beruflichen Austausch hinausgeht. Durch die Schaffung einer unterstützenden Gemeinschaft können Netzwerke auch in schwierigen Zeiten Bestand haben. Dieser unterstützende Ansatz trägt nicht nur zur individuellen Entwicklung bei, sondern stärkt auch die Gesamtheit des Netzwerks.

Die Förderung von Vielfalt und Inklusion ist ein weiterer Schlüsselaspekt nachhaltiger Netzwerke. Netzwerke, die verschiedene Perspektiven und Hintergründe berücksichtigen, sind widerstandsfähiger und flexibler. Selbständige Frauen sollten sich in Netzwerken engagieren, die Vielfalt nicht nur tolerieren, sondern aktiv fördern. Die Berücksichtigung unterschiedlicher Sichtweisen stärkt die Resilienz von Netzwerken und schafft eine dynamische, offene Atmosphäre.

Der Fokus auf Gemeinschaftsbildung innerhalb von Netzwerken trägt ebenfalls zur Nachhaltigkeit bei. Netzwerke sollten sich nicht nur auf geschäftliche Interessen konzentrieren, sondern auch den Aufbau einer Gemeinschaft fördern, in der Mitglieder sich verbunden fühlen. Gemeinschaftsbildung schafft eine positive Netzwerkkultur, in der Frauen nicht nur Ressourcen teilen, sondern auch voneinander lernen und sich gegenseitig unterstützen können.

Eine nachhaltige Netzwerkkultur basiert auf gemeinsamen Werten und ethischen Grundsätzen. Selbständige Frauen sollten bewusst Netzwerke wählen, die ihre beruflichen und persönlichen Werte widerspiegeln. Die gemeinsame Basis von Werten fördert nicht nur eine positive Atmosphäre, sondern trägt auch dazu bei, dass Netzwerke langfristig Bestand haben und den Mitgliedern ein sinnvolles Umfeld bieten.

Die Flexibilität und Anpassungsfähigkeit von Netzwerken sind entscheidend, um sich an sich ändernde Umstände anzupassen. Frauen sollten Netzwerke bevorzugen, die offen für Innovation und Anpassung sind. In einer sich schnell verändernden Welt sind Netzwerke, die in der Lage sind, flexibel auf neue Herausforderungen zu reagieren, besser gerüstet, um den Bedürfnissen ihrer Mitglieder gerecht zu werden und relevante Ressourcen bereitzustellen.

Nachhaltigkeit in Netzwerken bezieht sich nicht nur auf soziale Aspekte, sondern schließt auch Umweltbewusstsein ein. Netzwerke, die umweltfreundliche Praktiken unterstützen, gewinnen zunehmend an Attraktivität. Selbständige Frauen können sich in Netzwerken engagieren, die nicht nur auf berufliche, sondern auch auf ökologische Nachhaltigkeit ausgerichtet sind. Die Förderung umweltfreundlicher Praktiken innerhalb von Netzwerken trägt dazu bei, einen Beitrag zu einer nachhaltigeren Gesellschaft insgesamt zu leisten.

Insgesamt stellen diese Überlegungen die Grundpfeiler für die nachhaltige Entwicklung von Netzwerken dar. Selbständige Frauen können aktiv dazu beitragen, unterstützende, langfristige Beziehungen aufzubauen, indem sie Netzwerke suchen, die auf Gegenseitigkeit, Vielfalt, Gemeinschaftsbildung, gemeinsamen Werten, Flexibilität und Umweltbewusstsein basieren. Eine bewusste Gestaltung von Netzwerken nach diesen Prinzipien trägt nicht nur zum individuellen Erfolg bei, sondern stärkt auch die Gesamtheit der Netzwerk-Gemeinschaft. Es entsteht eine nachhaltige Netzwerkkultur, die Frauen in ihrer beruflichen und persönlichen Entwicklung unterstützt und eine Grundlage für langfristigen Erfolg legt.

Fazit:

Die Zukunft des Netzwerkens für selbständige Frauen wird von einer Kombination aus aktuellen Trends, technologischen Innovationen und nachhaltiger Entwicklung geprägt sein. Der Einsatz von Technologie, die Förderung von Diversität und Inklusion sowie die Schaffung nachhaltiger Netzwerkstrukturen sind entscheidende Elemente. Selbständige Frauen sollten sich aktiv an der Gestaltung dieser Zukunft beteiligen, indem sie innovative Technologien nutzen, in nachhaltige Beziehungen investieren und sich an Netzwerken beteiligen, die ihre Werte teilen. Die Fähigkeit, flexibel auf Veränderungen zu reagieren, wird entscheidend sein, um in der dynamischen Welt des Netzwerkens erfolgreich zu sein.

Schlusswort

Das Schlusswort dieses Leitfadens markiert nicht nur das Ende einer Reise durch die Welt des Netzwerkaufbaus für selbständige Frauen, sondern dient auch als Resümee, Appell und Ausblick. Von den Grundlagen des Netzwerkaufbaus bis zu den inspirierenden Erfolgsgeschichten - dieser Leitfaden hat einen umfassenden Einblick in die Bedeutung von Netzwerken für selbständige Frauen geboten. In diesem Schlusswort werden die wichtigsten Erkenntnisse zusammengefasst, ein Appell zur Stärkung von Netzwerken selbständiger Frauen ausgesprochen und ein Ausblick auf eine vernetzte Zukunft gewagt.

20.1 Zusammenfassung der wichtigsten Erkenntnisse

Die Erkenntnisse dieses Leitfadens bieten eine tiefgehende Analyse und umfassende Orientierung in verschiedenen Schlüsselbereichen des Netzwerkaufbaus für selbständige Frauen. Die Bedeutung von Netzwerken für den beruflichen Erfolg wurde als fundamentaler Baustein herausgestellt. Von den Grundlagen des Netzwerkaufbaus bis zu fortgeschrittenen Strategien für die Zukunft des Netzwerkens bieten die folgenden Abschnitte eine umfassende Perspektive auf die dynamische Welt des Netzwerkmanagements.

Die Grundlagen des Netzwerkaufbaus:
Die grundlegende Bedeutung von Netzwerken für den beruflichen Erfolg wurde bereits zu Beginn des Leitfadens deutlich gemacht. Die fundamentale Rolle, die Netzwerke bei der Karriereentwicklung und beruflichen Chancen spielen, unterstreicht die Notwendigkeit, sich aktiv in Netzwerken zu engagieren. Dieser Abschnitt bietet nicht nur Einblicke in die verschiedenen Arten von Netzwerken, sondern beleuchtet auch die Kunst des ersten Eindrucks, die einen entscheidenden Einfluss auf den Erfolg einer Netzwerkstrategie hat. Die Grundlagen bilden das solide Fundament, auf dem eine effektive Netzwerkstrategie aufgebaut werden kann.

Die Rolle der digitalen Netzwerke:
In einer zunehmend digitalen Welt gewinnen digitale Netzwerke an Relevanz. Social Media und berufliche Plattformen wie LinkedIn bieten

selbständigen Frauen eine einzigartige Möglichkeit, ihre Sichtbarkeit zu erhöhen und wertvolle Kontakte zu knüpfen. Die Dos and Don'ts im digitalen Netzwerken bieten praktische Richtlinien, um die Chancen dieser Plattformen optimal zu nutzen. Die Fähigkeit, sich online zu vernetzen, wird in einer globalisierten Welt zu einem unverzichtbaren Werkzeug für den beruflichen Erfolg.

Netzwerkaufbau im Berufsalltag:
Der Netzwerkaufbau beschränkt sich nicht auf Online-Plattformen. Networking-Veranstaltungen, gemeinsame Projekte und die Bedeutung von Mentorinnen wurden als wichtige Aspekte des Netzwerkaufbaus im täglichen beruflichen Umfeld beleuchtet. Diese Erkenntnisse zeigen, dass Netzwerke nicht nur online, sondern auch offline aktiv gepflegt werden sollten. Die persönliche Interaktion und der Aufbau von Beziehungen im realen Leben sind nach wie vor von entscheidender Bedeutung.

Warum Selbständige ein starkes Netzwerk brauchen:
Die Herausforderungen, denen selbständige Frauen gegenüberstehen, und die Bedeutung von Netzwerken bei der Kundenakquise wurden eingehend behandelt. Ein starkes Netzwerk wurde als entscheidender Faktor für den beruflichen Erfolg von Selbständigen herausgestellt. Die unterstützende Rolle von Netzwerken, insbesondere in Zeiten der Unsicherheit, unterstreicht die Bedeutung einer soliden Netzwerkstrategie.

Strategisches Netzwerkmanagement:
Das strategische Netzwerkmanagement bildet einen zentralen Pfeiler für den langfristigen Erfolg. Die gezielte Identifizierung der richtigen Kontakte, die Pflege von Beziehungen und Networking als langfristige Investition sind entscheidend. Dieser Abschnitt bietet Einblicke in die Methoden und Techniken des strategischen Netzwerkmanagements, die darauf abzielen, nachhaltige und fruchtbare Beziehungen aufzubauen.

Netzwerke und Finanzen:
Die direkte Verbindung zwischen Netzwerken und der Einkommensquelle wurde analysiert. Von der Generierung von Aufträgen durch persönliche Verbindungen bis zur Kunst des Netzwerk-Marketings wurde deutlich gemacht, dass Netzwerke einen unmittelbaren Einfluss auf die finanzielle Situation haben können. Selbständige Frauen können durch

gezieltes Netzwerken ihre finanzielle Stabilität und den Erfolg ihres Geschäfts steigern.

Die Macht des Empfehlungsmarketings:
Die Kraft des Empfehlungsmarketings wurde anhand von Fallstudien erfolgreicher Unternehmerinnen verdeutlicht. Wie Empfehlungen das Geschäft ankurbeln können und wie positive Netzwerkeffekte die Kundenbindung stärken, zeigt die dynamische Wirkung eines gut gepflegten Netzwerks auf den unternehmerischen Erfolg.

Netzwerke und persönliche Weiterentwicklung:
Netzwerke dienen nicht nur beruflichen Zwecken, sondern sind auch Plattformen für persönliches Wachstum. Die Rolle von Mentoring als Wegbereiter für den Erfolg und die beeinflussende Rolle von Netzwerken in der beruflichen Entwicklung wurden beleuchtet. Ein starkes Netzwerk kann nicht nur berufliche, sondern auch persönliche Entwicklung fördern.

Hürden überwinden: Netzwerken in männerdominierten Branchen:
Strategien für selbstbewusstes Networking, der Netzwerkaufbau trotz geschlechtsspezifischer Barrieren und erfolgreiche Beispiele aus verschiedenen Branchen zeigten, wie Frauen in männerdominierten Umfeldern erfolgreich Netzwerke aufbauen können. Dieser Abschnitt bietet praktische Tipps und Inspiration für Frauen, die in Branchen tätig sind, in denen Frauen in der Minderheit sind.

Netzwerke pflegen und erweitern:
Die Bedeutung von Kontinuität im Netzwerken, Networking als Lebensstil und Tipps und Tricks zum Knüpfen neuer Kontakte wurden behandelt. Die Pflege bestehender Netzwerke und die Fähigkeit, ständig neue Verbindungen zu knüpfen, sind entscheidend für den langfristigen Erfolg eines Netzwerks.

Gemeinsam stark: Netzwerke für soziales Engagement:
Wie Netzwerke für gesellschaftliche Veränderungen genutzt werden können, Corporate Social Responsibility durch Netzwerken und Frauenpower für soziale Projekte wurden als weiterer Aspekt des Netzwerkaufbaus vorgestellt. Netzwerke können somit nicht nur individuellen Erfolg, sondern auch positive Veränderungen in der Gesellschaft vorantreiben.

Die Kunst des Gebens und Nehmens im Netzwerk:
Die reciproke Natur von Netzwerken, wie man Netzwerke effektiv für
gegenseitige Unterstützung nutzt und Fallbeispiele erfolgreicher Netzwerkinteraktionen wurden als Grundlagen für eine erfolgreiche Netzwerkdynamik präsentiert. Die Balance zwischen Geben und Nehmen ist
entscheidend für nachhaltige Beziehungen in Netzwerken.

Netzwerke und Work-Life-Balance:
Die Balance zwischen beruflichem Erfolg und persönlichem Wohlbefinden wurde als wichtiger Aspekt des Netzwerkaufbaus behandelt. Tipps
für eine gesunde Netzwerk-Balance und Selbstfürsorge im Kontext beruflicher Netzwerke wurden als entscheidende Faktoren für das Wohlbefinden selbständiger Frauen herausgestellt.

Die Rolle der Familie im Netzwerkaufbau:
Die Unterstützung der Familie als Netzwerkressource, die gemeinsame
erfolgreiche Gestaltung von Familie als Teil des beruflichen Netzwerks
und das Netzwerken als Vorbild für die nächste Generation wurden als
enger Verbund zwischen beruflichem Erfolg und familiären Beziehungen betrachtet. Die familiäre Unterstützung kann einen entscheidenden
Beitrag zum Netzwerkaufbau leisten.

Krisenmanagement: Wenn das Netzwerk gefährdet ist:
Der Umgang mit Konflikten im Netzwerk, die Ursachen und Gegenmaß-
nahmen bei Verlust von Kontakten und wie Krisen als Chance für Netzwerkanpassungen genutzt werden können, wurden als Strategien für
schwierige Zeiten im Netzwerkaufbau erörtert. Das Krisenmanagement
ist ein unverzichtbarer Bestandteil einer robusten Netzwerkstrategie.

Die Zukunft des Netzwerkens für selbständige Frauen:
Ein Ausblick auf die Trends im beruflichen Netzwerken, die Rolle von
Technologie und Innovation sowie die nachhaltige Entwicklung von
Netzwerken wurden als Schlüsselaspekte für die Zukunft des Netz-
werkaufbaus betrachtet. Selbständige Frauen können sich auf diese
Trends einstellen und ihre Netzwerkstrategie entsprechend ausrichten.

Insgesamt bietet dieser Leitfaden eine umfassende und detaillierte Ex-
ploration der verschiedenen Dimensionen des Netzwerkaufbaus für
selbständige Frauen. Von den grundlegenden Prinzipien bis zu fortgeschrittenen Strategien, von digitalen Netzwerken bis zur Rolle der Fa-

milie, von Empfehlungsmarketing bis zum Krisenmanagement – dieser Leitfaden dient als umfassendes Handbuch für selbständige Frauen, die ihre Netzwerkkompetenz stärken und ihren beruflichen Erfolg nachhaltig steigern möchten.

20.2 Ein Appell zur Stärkung von Netzwerken selbständiger Frauen

Das Erreichen beruflicher Ziele als selbständige Frau ist nicht nur von individueller Leistung abhängig, sondern auch von der Fähigkeit, starke Netzwerke aufzubauen und zu pflegen. Daher richtet sich ein dringender Appell an selbständige Frauen, die Bedeutung von Netzwerken nicht zu unterschätzen. Netzwerke bieten nicht nur berufliche Chancen, sondern schaffen auch eine unterstützende Gemeinschaft, die durch gegenseitige Unterstützung, Wissensaustausch und gemeinsames Wachstum geprägt ist.

Ein Appell geht auch an Unternehmen, Organisationen und Netzwerke selbst, um aktiv dazu beizutragen, dass selbständige Frauen gleiche Chancen im Netzwerkaufbau erhalten. Das Schaffen von inklusiven Umgebungen, die Diversität und Gleichberechtigung fördern, ist entscheidend für die Stärkung von Netzwerken und die Schaffung gleicher Möglichkeiten für alle.

20.3 Ausblick auf eine vernetzte Zukunft

Die Zukunft des Netzwerkaufbaus für selbständige Frauen verspricht eine noch stärkere Vernetzung, getrieben durch Technologie, soziale Innovation und nachhaltige Praktiken. Die Trends im beruflichen Netzwerken zeigen eine verstärkte Nutzung digitaler Plattformen, den Aufstieg interdisziplinärer Netzwerke und die Förderung von Vielfalt und Inklusion. Technologische Entwicklungen, von künstlicher Intelligenz bis hin zu virtuellen Realitäten, werden den Netzwerkaufbau transformieren und neue Möglichkeiten für Verbindungen und Kooperationen schaffen.

Die nachhaltige Entwicklung von Netzwerken wird zunehmend an Bedeutung gewinnen. Die Fokussierung auf langfristige Beziehungen, gemeinschaftliches Wachstum und Umweltbewusstsein werden integraler Bestandteil vernetzter Gemeinschaften sein. Selbständige Frauen werden aktiv an der Gestaltung dieser Zukunft beteiligt sein, indem sie innovative Technologien nutzen, nachhaltige Praktiken unterstützen und in Netzwerken teilnehmen, die ihre Werte teilen.

In dieser vernetzten Zukunft wird die reciproke Natur von Netzwerken weiterhin im Mittelpunkt stehen. Die Kunst des Gebens und Nehmens wird nicht nur als taktische Strategie, sondern als grundlegende Dynamik für den Erfolg in Netzwerken betrachtet werden. Die Netzwerke werden nicht nur berufliche Chancen schaffen, sondern auch eine unterstützende Umgebung bieten, in der Selbständige ihr volles Potenzial entfalten können.

Abschließend zeigt dieser Leitfaden, dass Netzwerke nicht nur Instrumente für beruflichen Erfolg sind, sondern auch Quellen für persönliches Wachstum, gemeinsame Erfahrungen und nachhaltige Veränderungen. Die Zukunft des Netzwerkaufbaus für selbständige Frauen ist vielversprechend, und es liegt an jedem Einzelnen, aktiv an der Gestaltung dieser vernetzten Zukunft teilzunehmen. Der Schlüssel liegt im Erkennen der transformative Kraft von Netzwerken, im Aufbau von starken Beziehungen und in der Schaffung einer vernetzten Gemeinschaft, die gleiche Chancen für alle ermöglicht.

Eine Reise durch Netzwerke, Freundschaften und Veränderungen

Liebe Leserinnen,
mit einem Gefühl von Dankbarkeit und Begeisterung möchte ich dieses Buch abschließen, das nicht nur ein Leitfaden für Netzwerkaufbau ist, sondern auch die Geschichte meiner eigenen Transformation und der Entstehung von wertvollen Freundschaften erzählt.

Der Weg durch die Seiten dieses Leitfadens spiegelt meine eigene Reise wider, eine Reise, die von der Kraft des Netzwerkens und den tiefgreifenden Veränderungen, die daraus entstehen können, geprägt ist. Als Gründerin eines Netzwerks für Unternehmerinnen habe ich die einzigartige Gelegenheit gehabt, nicht nur berufliche Beziehungen, sondern auch wahre Freundschaften zu knüpfen.

Ein Netzwerk als Lebensveränderung

Wenn ich auf den Anfang meiner eigenen Netzwerkreise zurückblicke, hätte ich nie erwartet, wie sehr sich mein Leben durch diese Verbindungen verändern würde. Netzwerken ist nicht nur eine berufliche Strategie; es ist eine Lebensveränderung. Durch die Begegnung mit unglaublich talentierten und inspirierenden Frauen wurden meine Perspektiven erweitert, meine Ziele geschärft und meine Träume lebendig.

Gemeinschaft und Vertrauen

Netzwerken geht über Geschäftsbeziehungen hinaus; es geht um Gemeinschaft und Vertrauen. In den Momenten des Austauschs und der Unterstützung entstanden nicht nur professionelle Partnerschaften, sondern auch tiefe, bedeutsame Freundschaften. Diese Frauen, die einst als Kontakte begannen, sind zu Weggefährtinnen, Mentorinnen und Vertrauten geworden. Gemeinsam haben wir Höhen und Tiefen durchschritten, uns gegenseitig ermutigt und voneinander gelernt.

Die Magie der Begegnungen

Die Magie des Netzwerkens liegt oft in den zufälligen Begegnungen, den inspirierenden Gesprächen und den Momenten der Solidarität. Jede dieser Begegnungen hat einen einzigartigen Abdruck in meinem

Leben hinterlassen. Es sind nicht nur die Geschäftsmöglichkeiten, die zählen, sondern die gemeinsamen Lacher, die geteilten Herausforderungen und die Freude an den Erfolgen unserer Netzwerkpartnerinnen.

Freundschaften als Erfolgsmesslatte

Die wahren Früchte des Netzwerkens sind die Freundschaften, die entstehen. Wenn ich auf meine eigene Netzwerkreise zurückblicke, sehe ich nicht nur berufliche Erfolge, sondern vor allem die Gesichter von Frauen, die mir nahestehen. Frauen, die mich inspirieren, stützen und motivieren. Frauen, die mehr als nur Geschäftspartnerinnen sind, sondern Freundinnen, die das Leben bunter machen.

Veränderungen durch Gemeinschaft

In diesem Buch teilen wir nicht nur Wissen über Netzwerkaufbau, sondern auch die tiefe Überzeugung, dass Veränderungen durch Gemeinschaft entstehen. Netzwerken ist kein isolierter Akt; es ist eine kollektive Kraft, die uns alle vorantreibt. Jede von uns hat das Potenzial, durch Netzwerke nicht nur die eigene Karriere zu gestalten, sondern auch das Leben anderer positiv zu beeinflussen.

Ein Dankeschön an jede Netzwerkpartnerin

Ein besonderer Dank gilt jeder Frau, die ein Teil meines Netzwerks geworden ist. Egal, ob wir uns persönlich getroffen haben oder uns nur digital begegnet sind, jede von euch hat einen einzigartigen Beitrag zu meiner Reise geleistet. Gemeinsam haben wir bewiesen, dass Netzwerken nicht nur eine Strategie, sondern eine lebendige, kraftvolle Gemeinschaft ist.

Das Ende einer Reise, der Beginn neuer Kapitel

Mit diesem Schlusswort endet nicht nur ein Buch, sondern ein Kapitel. Doch gleichzeitig markiert es den Beginn neuer Abenteuer, neuer Begegnungen und vor allem neuer Freundschaften. Ich ermutige dich, die Inspirationen aus diesem Leitfaden mitzunehmen, das Netzwerken als Weg zu sehen, um nicht nur beruflich zu wachsen, sondern auch persönlich und zwischenmenschlich.

Die Reise geht weiter

Die Reise durch Netzwerke hört nie auf. Sie ist eine ständige Entfaltung, eine endlose Entdeckung. Möge dieser Leitfaden nicht nur ein Begleiter auf deiner Reise sein, sondern auch ein Anstoß für neue Verbindungen,

     Netzwerke weben - Erfolg ernten

für Begegnungen, die dein Leben bereichern werden.

Mit einem herzlichen Dank an jede Frau, die Teil dieses Netzwerks ist, schließe ich dieses Buch. Möge die Magie des Netzwerkens weiterhin unser Leben erhellen und unsere gemeinsame Reise durch das Netzwerken fortdauern.
In Freundschaft und Begeisterung,
Noëmi Caruso